Wilfried Gehrmann

DOPPEL LONGE

Eine klassische Ausbildungsmethode

Wilfried Gehrmann

DOPPEL LONGE

Eine klassische Ausbildungsmethode

FNverlag
der Deutschen
Reiterlichen Vereinigung GmbH
Warendorf

Bibliografische Information der Deutschen Nationalbibliothek

Die Deutsche Nationalbibliothek verzeichnet diese Publikation in der Deutschen Nationalbibliografie; detaillierte bibliografische Daten sind im Internet über http://dnb.dnb.de abrufbar.

9. Auflage 2021

Entstanden in Zusammenarbeit mit Hildegard Gehrmann

Lektorat: Irina Ludewig
Korrektorat: Korrekturbüro G. und W. Kirchhoff, Büren/Brenken

Titelfoto: Archiv Hildegard und Wilfried Gehrmann, Warendorf
Fotos: Alois Müller, Meerbusch: Seiten 8, 11, 17, 27, 29, 30, 31, 34, 35 o.re., 36, 37, 38, 42, 46, 48, 50, 51, 52, 53, 54, 57, 60, 62, 64, 66, 67, 68, 69, 71, 73, 79, 81, 82, 83, 88, 89, 90, 91, 92, 93, 94, 98, 100, 102, 103, 104, 105, 119, 123, 125, 127, 128, 130
Archiv Hildegard und Wilfried Gehrmann: Seiten 35 o.li., 121, 126
Archiv der Deutschen Reiterlichen Vereinigung e.V. (FN):
Seiten 22 u. (© Ronald Hogrebe), 23 u.
Götz Balzer, Bergisch Gladbach: Seite 85
Franz Honecker, Euskirchen: Seiten 74, 77
Julia Rau, Zornheim: Seiten 22 o., 23 o.
Franz Steindl, Aachen: Seite 23 m.
Julia Wentscher, Düsseldorf: Seite 22 m.

Illustrationen: Rudolf Strecker, Beelen: Seiten 32, 33, 113, 116, 117, 118, 123
Cornelia Koller, Schneverdingen-Heber: Seiten 39, 40 (2), 70

Layout und Satz: www.ravenstein2.de

Druck und Verarbeitung: mediaprint solutions GmbH, Paderborn

ISBN 978-3-88542-717-9

FSC www.fsc.org MIX Papier aus verantwortungsvollen Quellen FSC® C013205

Inhalt

Vorwort

Seit seiner Jugendzeit ist Wilfried Gehrmann ein begeisterter Pferdemann. Während seiner gesamten reiterlichen Laufbahn bemühte er sich darum, seiner Zuneigung zu Pferden dadurch Ausdruck zu verleihen, dass er eine Ausbildung mit viel Lob und möglichst wenig Zwang anstrebte.

Die Ansichten eines Xenophon – geb. 430 v. Chr. –, der schon zu seiner Zeit schrieb „Was unter Zwang erreicht wurde, wurde ohne Verständnis erreicht" – oder eines Pluvinel, der um 1670 n. Chr. schrieb „Wir sollten besorgt sein, das Pferd nicht zu verdrießen und seine natürliche Anmut zu erhalten", waren für ihn richtungsweisend.

Die Doppellonge ist eine hervorragende Möglichkeit, mit Pferden in jedem Stadium der Ausbildung schonend und zwanglos zu arbeiten und die Harmonie zwischen Mensch und Pferd zu verbessern.

Seit mehr als 40 Jahren nutzt Wilfried Gehrmann diese klassische Ausbildungsmethode, um mit Pferden – ergänzend zur Ausbildung unter dem Reiter – zu trainieren. Die offensichtlichen Vorzüge der Doppellonge und deren vielfältige Einsatzmöglichkeiten haben ihn veranlasst, seine Erfahrungen auf diesem Gebiet in einem Buch zusammenzufassen. Er legt allerdings großen Wert auf die Feststellung, dass das Longieren mit der Doppellonge kein Selbstzweck ist, sondern stets nur ein zusätzliches Mittel, um alle Punkte der Skala der Ausbildung in reeller Form anzustreben.

In sehr verständlicher Form und anschaulich ergänzt durch zahlreiche Fotos und Zeichnungen werden im vorliegenden Buch die praktische Arbeit mit der Doppellonge ausführlich beschrieben und wertvolle Tipps, Anregungen und Hilfestellung für die Ausbildung von Pferden in allen Sparten des Pferdesports gegeben.

Für alle interessierten Pferdeleute eine hervorragende Ergänzung zu den bestehenden Reitlehren.

Günther Festerling

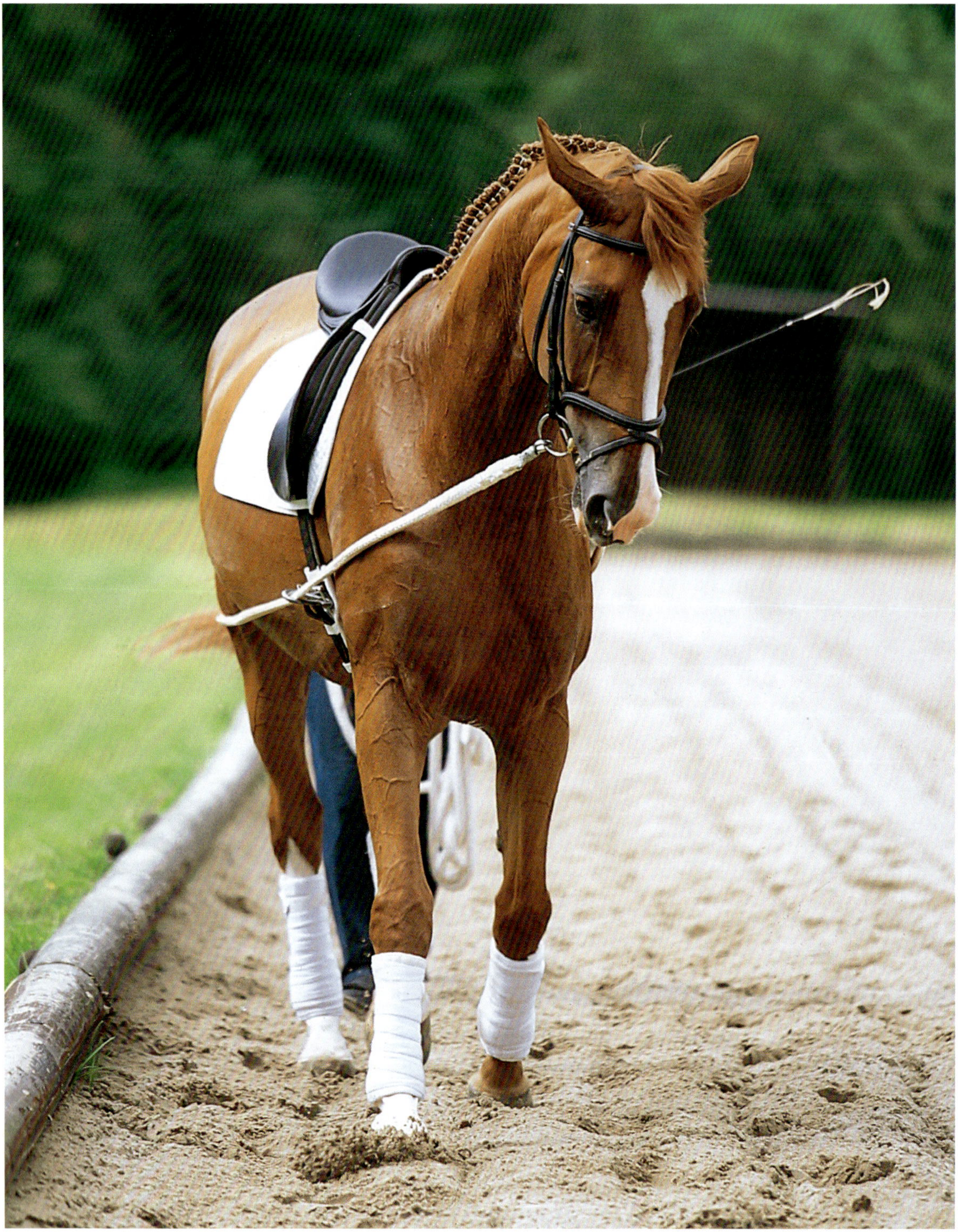

Andiamo v. Amant

Einleitung

Der Weg ist das Ziel

Der siebte Punkt der Ethischen Grundsätze besagt:

„Der Mensch, der gemeinsam mit dem Pferd Sport betreibt, hat sich und das ihm anvertraute Pferd einer Ausbildung zu unterziehen. Ziel jeder Ausbildung ist die größtmögliche Harmonie zwischen Mensch und Pferd."

Ein gute Möglichkeit, im Rahmen der Ausbildung zur Harmonie mit dem Pferd zu gelangen, ist sicherlich das Longieren.

Weitaus effektiver als mit der einfachen Longe ist das Longieren mit der Doppellonge. Der Ausbilder hat durch die Verwendung der Doppellonge erheblich mehr Einwirkungsmöglichkeiten als mit der einfachen Longe. Losgelassenheit, Gehorsam und Versammlung können so mit relativ geringem Aufwand erarbeitet und dann auf das Reiten/Fahren angewandt werden.

Geschichtliche Entstehung der Doppellongenarbeit

Die Arbeit mit der Doppellonge wurde bereits nachweislich im 18. Jahrhundert durchgeführt. Die Entstehung der Doppellongenarbeit und der Arbeit am langen Zügel ist unter anderem darauf zurückzuführen, dass man bereits zu dieser Zeit die Nachteile, die bei der Arbeit in den Pilaren bestanden, umgehen wollte. Mit der neuen Arbeitsweise sollte insbesondere die Möglichkeit geschaffen werden, das Pferd im Vorwärts zu arbeiten.

Auch in der Fahrausbildung war der Einsatz der Doppellonge – in Vorbereitung zum Anspannen – schon früh unentbehrlich.

Es ist für den Longenführer hochinteressant, Reaktionen, Verhaltensweisen, Talent und Möglichkeiten des Pferdes von „unten" zu sehen. Insofern kann Longieren mit der Doppellonge als Reiten vom Boden aus verstanden werden.
Hierbei wird besonders deutlich, dass Pferde Wesen sind, die erst einmal verstanden haben müssen, was von ihnen verlangt wird.

Ziel der Ausbildung ist ein **harmonisches Miteinander**. Niemals darf das Longieren mit der Doppellonge als Selbstzweck gesehen werden. Es soll dazu beitragen, schonend für alle Beteiligten insgesamt **bessere Leistungen** zu erreichen.

Wenn ein Reiter, aus welchen Gründen auch immer – sei es, dass es sich um ein extrem schwieriges Pferd handelt oder der Reiter in der Einwirkung noch begrenzt ist – 50 Minuten benötigt, sein Pferd durchs Genick und an den Zügel zu stellen, so wird dieses Pferd während der gesamten Zeit des Bemühens nicht über den Rücken geritten und geht größtenteils gegen die Hand.
Die Folge ist, dass das Pferd auf der Vorhand geht und falsche – das Problem zunehmend erschwerende – Muskulatur (zum Beispiel Unterhals) entwickelt.
Insgesamt wird das Pferd in dieser Zeit mehr strapaziert als richtig geritten.
Wenn man hingegen im Longieren Geschick hat, in der Lage ist, nach etwa 15 Minuten Doppellongenarbeit ein Pferd reell zu lösen und dieses unter dem Reiter sehr bald nachvollziehen kann, besteht das Reiten nicht nur aus den Versuchen, ein Pferd an den Zügel zu stellen, sondern beschert kontinuierlichen Erfolg.
Der Reiter wird merken, dass er wieder weiterkommt, dass sein Pferd besser geht und dank dieses Fortschritts daran zu denken ist, in der Ausbildung eine Stufe weiterzukommen.

Um ein Pferd an der Doppellonge effektiv zu arbeiten, muss der Longenführer zum einen das theoretische Wissen über das richtige „Gehen" eines Pferdes haben und zum anderen das praktische Können, dieses in die Praxis umzusetzen.

Verständnis für das Pferd sowie Vorgehen in **kleinen Lernschritten – ohne Überforderung** –, dafür mit **Geduld** und **Einfühlungsvermögen**, **viel Lob**, aber mitunter **konsequentes Handeln** sind bei der Ausbildung eines Pferdes erforderlich.

Es gehört sicherlich recht viel **Routine** dazu, Pferde mit der Doppellonge auszubilden und Problempferde zu korrigieren.
Ein Pferd qualifiziert zu bewegen und zur Losgelassenheit zu bringen ist jedoch schon nach einigen Übungen möglich.

Auch Nichtreiter sind bei entsprechender Übung durchaus in der Lage, Pferde qualifiziert zu arbeiten.
Wenn die Notwendigkeit besteht, einem Pferd Bewegung zu verschaffen, ist es vorteilhafter und mit Sicherheit besser, es kontrolliert an der Doppellonge zu longieren, anstatt es nur laufen zu lassen.

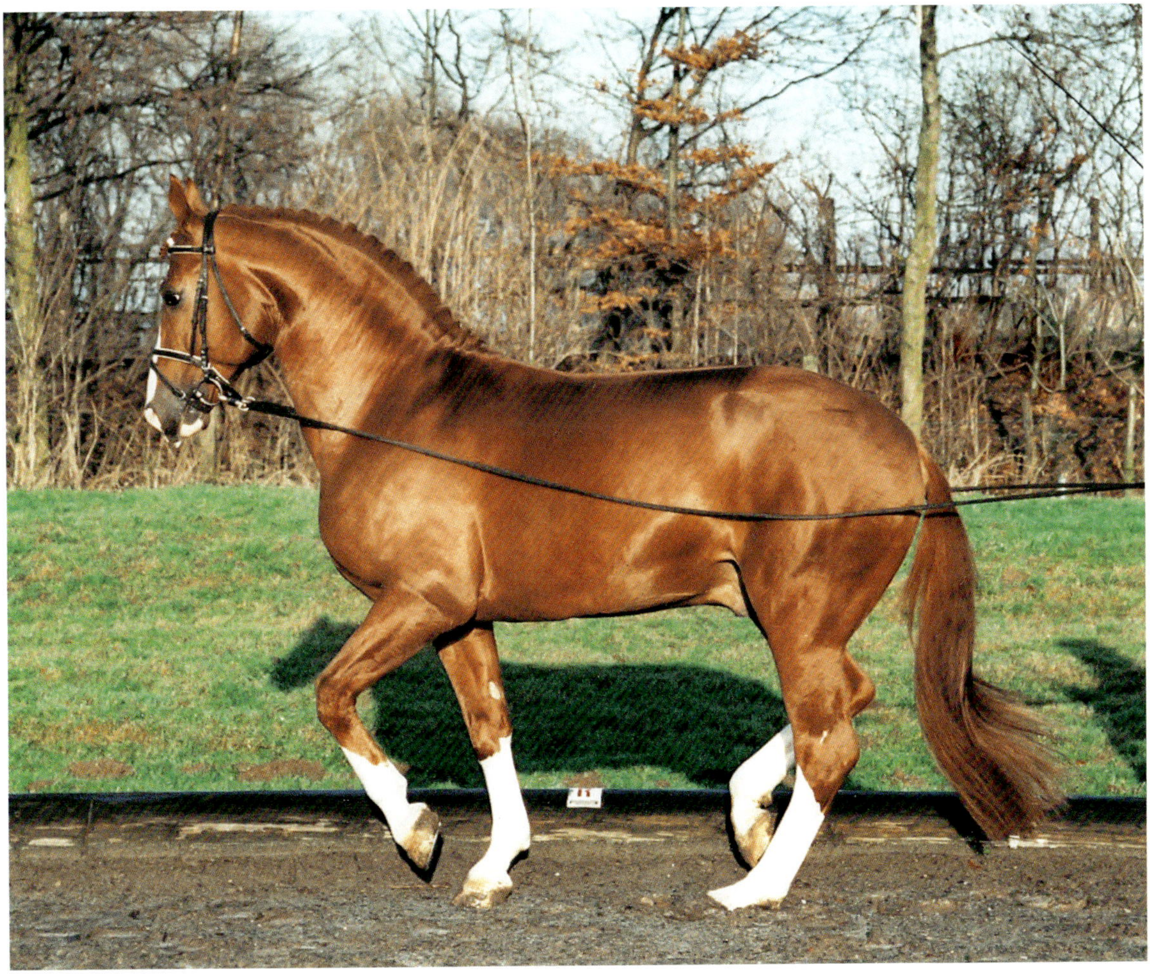

Amant, gekörter Hengst, geb. 1981 v. Amazonas/Absatz, Mutter Libelle v. Lotse/Lugano. Der Autor gewann mit diesem Hengst 7-jährig bereits 25 M und 10 S-Dressuren. Dies führt er nicht nur auf die Bewegungsqualität und das Talent des Pferdes, sondern vor allem auf die kontinuierliche Arbeit mit der Doppellonge zurück. Durch diese Arbeit verstand es der Autor, den Hengst ohne jeden Zwang unter Gehorsam zu bringen. Weiter hat die Doppellonge wesentlich zum muskulären Aufbau und zur Erarbeitung der Versammlung beigetragen. Wie auf dem Bild zu erkennen ist, piaffiert Amant auf leichteste Hilfen.

Manche, auch namhafte Leute unken: „Wo viel longiert wird, wird schlecht geritten." Ein Ausspruch, der durchaus nicht immer stimmen muss.

Ein Reiter, der über viel Einwirkung verfügt, wird es nicht so sehr nötig haben, ein Pferd an der Longe zu lösen. Ihm wird es auch nichts ausmachen, übermütige Bocksprünge auszusitzen, und er wird grundsätzlich in der Lage sein, die Ausbildung des Pferdes vom Sattel aus durchzuführen.

Auf der anderen Seite ist jeder Reiter irgendwo begrenzt. Bei der Vielzahl der verschiedenen Pferde, der unterschiedlichen physischen und psychischen Veranlagungen, bei Problem- und Korrekturpferden wird man immer wieder mal an einen Punkt kommen, wo jeder Fortschritt aufhört.
In dieser Situation wird man nicht umhinkönnen, zur Longe zu greifen. Sei es aus Sicherheitsgründen von Reiter und Pferd, wenn dem Reiter die Einwirkung fehlt, das Pferd über den Rücken zu reiten, oder um spezielle Lektionen zu erarbeiten, bei denen sich das Pferd den Hilfen des Reiters entzieht beziehungsweisedie dem Pferd unterm Sattel noch schwerfallen.

Selbstverständlich muss das Longieren fachlich richtig durchgeführt werden, sodass auch der kritische Zuschauer das Longieren für eine sinnvolle Sache hält.

Grundsätzlich kann das Longieren als Ausbildungmethode nur dann negativ sein, wenn es unqualifiziert ausgeführt wird.

Als theoretische Grundlage für die Ausbildung an der Doppellonge dient die **Ausbildungsskala.** Sie verkörpert das System der klassischen Ausbildung und besitzt ebenso Gültigkeit beim Longieren wie beim Reiten und Fahren.

1 Theoretische Vorkenntnisse

„Eine Ausbildung kann nur dann gut und effektiv sein, wenn sie systematisch betrieben wird. Pferde auszubilden und zu besseren Leistungen zu bringen ist dann, wenn man sich in der Systematik der Ausbildung auskennt, relativ unproblematisch."

1.1 Skala der Ausbildung

Theoretische Grundlage für die gesamte Ausbildung ist die sogenannte Ausbildungsskala. Sie zieht sich wie ein roter Faden durch die gesamte Ausbildung und durch jede einzelne Trainingsstunde. Hierbei ist es wichtig zu wissen, in welcher Ausbildungsstufe sich das Pferd in der Skala befindet und wie man sie in der täglichen Arbeit umsetzen kann.

Wichtig!
Der beste Tierschutz ist nicht nur die beständige gute Ausbildung des Pferdes, sondern auch die Aus- und Fortbildung des Reiters/Fahrers in Theorie und Praxis.

Die Ausbildungsskala ist in sechs Punkte untergliedert, wobei die Übergänge zwischen den Ausbildungsabschnitten fließend sind.

Ziel der sechs Punkte der Ausbildungsskala: Harmonie - Leistungsfähigkeit - Gesundheit

Kurzdefinitionen der sechs Punkte der Ausbildungsskala nach den Richtlinien der Deutschen Reiterlichen Vereinigung:

1. **Takt** ist das räumliche und zeitliche Gleichmaß in den drei Grundgangarten, das heißt in Schritten, Tritten und Sprüngen.

2. **Losgelassenheit:** Darunter versteht man das zwanglose und unverkrampfte An- und Abspannen der Muskulatur des Pferdes. Die taktmäßigen Bewegungen müssen über den schwingenden Rücken gehen.

3. **Anlehnung** ist die stete, weichfedernde Verbindung zwischen Reiterhand und Pferdemaul. Leitsatz: „Die Anlehnung wird vom Pferd gesucht und vom Reiter gestattet."

4. **Schwung** ist die Übertragung des energischen Impulses aus der Hinterhand über den schwingenden Rücken auf die Gesamtvorwärtsbewegung des Pferdes.

5. **Geraderichten:** Geradegerichtet ist ein Pferd, wenn die Vorhand auf die Hinterhand eingerichtet ist, also wenn es auf gerader und gebogener Linie mit seiner Längsachse der Hufschlaglinie angepasst ist.

6. **Versammlung:** Hierbei übernehmen die Hinterbeine bei stärker gebeugten Hanken vermehrt die Last und treten weiter in Richtung Schwerpunkt unter.

Die Zusammenhänge in der Systematik der Ausbildung

Ausbildungsskala

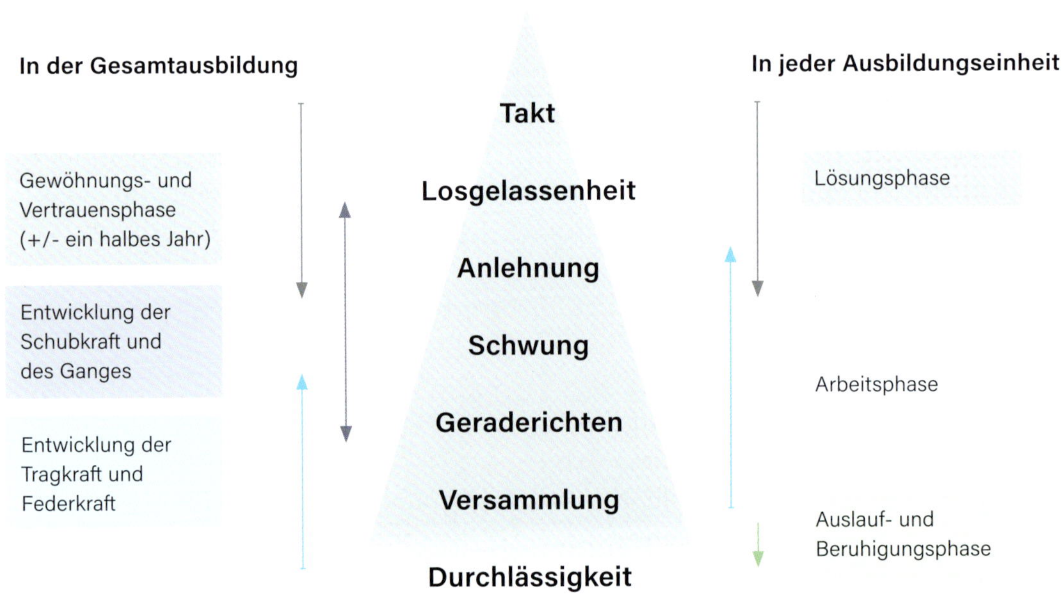

Die Durchlässigkeit nimmt mit fortschreitender Ausbildung zu.
Alle Begriffe der Ausbildungsskala gehen ineinander über (keine klaren Abgrenzungen – fließende Übergänge).
Ziel: Harmonie – Leistungsfähigkeit – Gesundheit
Gute Ausbildung = bester Tierschutz

1.2 Die drei Hauptphasen in der Gesamtausbildung

In der Gesamtausbildung – die Disziplin spielt keine Rolle – kennt man drei Hauptphasen, wobei die Übergänge zwischen den Phasen fließend sind. Dies liegt unter anderem daran, dass jedes Pferd bezüglich seiner Veranlagung, seines Temperaments und Charakters unterschiedlich ist. Maßgeblich ist jedoch auch das mehr oder weniger geschickte Vorgehen und Können des Ausbilders. Es spielt für den weiteren Werdegang des Pferdes eine große Rolle.

Gewöhnungs- und Vertrauensphase

In der Gewöhnungs- und Vertrauensphase, die mehr oder weniger ein halbes Jahr dauert, kommt es darauf an, das Pferd mit dem Menschen, mit den Ausrüstungsgegenständen, dem Longieren und, falls es geritten werden soll, mit einem Reiter vertraut zu machen. Hierzu gehört auch, dass es lernt, den Menschen als den Ranghöheren zu akzeptieren, wobei dieses ohne jeden Zwang, dafür aber mit Umsicht und Sorgfalt zu geschehen hat.
Ziel dieser Gewöhnungs- und Vertrauensphase ist es, ein Pferd zu erhalten, welches in den drei Grundgangarten, in korrekter Fußfolge, spannungsfrei, bei fallengelassenem Hals, in leichter Anlehnung und ausbalanciert den Reiter trägt. Ist dies eingetreten, sind die ersten drei Punkte der Ausbildungsskala **Takt**, **Losgelassenheit** und **Anlehnung** erreicht.

Entwicklungsphase der Schubkraft und des Ganges

Aufbauend auf dieser soliden Grundausbildung – wobei besonders das gebildete Vertrauen zum Menschen nicht zu unterschätzen ist –, kann der zweite Hauptausbildungsabschnitt, die Entwicklungsphase der **Schubkraft** und des **Ganges** mit den Punkten **Schwung** und **Geraderichten** erarbeitet werden.
Dies kann jedoch nur gelingen, wenn die ersten Punkte der Ausbildungsskala in jeder Weise erfüllt sind. Ein zu frühes Vorgehen würde mit Sicherheit zu Taktfehlern, Spannungen und Widerständen oder auch zu Fehlern in der Anlehnung führen.

Zum Schwung ist zu sagen, dass diesem Punkt in der Ausbildung in der Regel zu wenig Bedeutung beigemessen wird. Schwung kann sich nur dann entwickeln, wenn der Rücken eines Pferdes in Ordnung ist.

Wichtig!
Der Rücken ist das Bewegungszentrum des Pferdes, jede Parade sollte von hinten nach vorn und von vorn nach hinten über den Rücken gehen.

Der schwingende Rücken ist eine grundsätzliche Voraussetzung für ein durchlässiges Pferd. Der Reiter, der mehr oder weniger geschmeidig auf dem Pferderücken sitzt, ist nicht immer in der Lage, im Zusammenwirken der Hilfen das Pferd über den Rücken zu reiten. Die Folge sind Probleme, die bis zur Unbrauchbarkeit des Reitpferdes führen können.

Auf das Problem der **natürlichen Schiefe** wird schon zu Beginn der Ausbildung eingegangen. Jedes Pferd ist mehr oder weniger schief – die meisten Pferde haben eine Rechtsschiefe.

Es dient der Gesunderhaltung eines Pferdes, durch **symmetrische Ausbildung** beide Körperhälften gleichmäßig zu beanspruchen, und ist Voraussetzung für ein gleichmäßiges Annehmen der Hilfen auf beiden Händen.

Bei einem geradegerichteten Pferd ist seine Masse vor der Hinterhand, sodass sich die Schubkraft in jeder Weise nach vorn entwickeln kann und die Paraden bis in den Hinterfuß durchkommen. Jetzt ist das Pferd so durchlässig, dass die Voraussetzungen für den dritten Hauptausbildungsabschnitt geschaffen sind.

Entwicklungsphase der Trag- und Federkraft

Im dritten Hauptausbildungsabschnitt wird die entwickelte Schubkraft nicht nur nach vorn, sondern auch nach vorwärts-aufwärts entwickelt. Hierdurch erfolgt die vermehrte Gewichtsaufnahme durch die Hinterhand. **Trag- und Federkraft** werden entwickelt. Hierbei spielt die Elastizität eine große Rolle. Sie gestattet es dem Pferd, sich leichtfüßig und kadenziert zu bewegen. Das Pferd geht nun entsprechend dem Versammlungsgrad und den gebeugten Gelenken der Hinterhand in **relativer Aufrichtung**.

In dieser Form und Haltung hat das Pferd seine **größtmögliche Durchlässigkeit**, gestattet ein **harmonisches, kraftloses Reiten, beziehungsweise Fahren**, und wird bei vernünftigem Einsatz über lange Jahre leistungsfähig bleiben.

Bei einem korrekt ausgebildeten 4 ½- bis 5-jährigen Pferd kann mit dieser Phase begonnen werden.

1.3 Die drei Hauptphasen innerhalb einer Ausbildungseinheit

Jede Ausbildungseinheit wird in drei Phasen aufgebaut, wobei auch hier keine klare Trennung vorgenommen werden kann.

Lösungsphase

In jeder Trainingseinheit beginnt man selbstverständlich mit der **Lösungsphase**. Das heißt, dass das Pferd im Normalfall genügend lange im Schritt geht. Hiernach schließt sich die Trabarbeit im geregelten Tempo an, um danach den Galopp mit einzubeziehen.
Die lösenden Lektionen richten sich nach dem Ausbildungsstand des Pferdes. Bei Pferden mit korrektem Ausbildungsweg ist dieses Ziel – **Takt, Losgelassenheit, Anlehnung** – nach circa 15 bis 20 Minuten erreicht.

Ein taktmäßig losgelassen und in Dehnungshaltung gehendes Pferd, bei dem nun die Arbeitsphase beginnen kann.

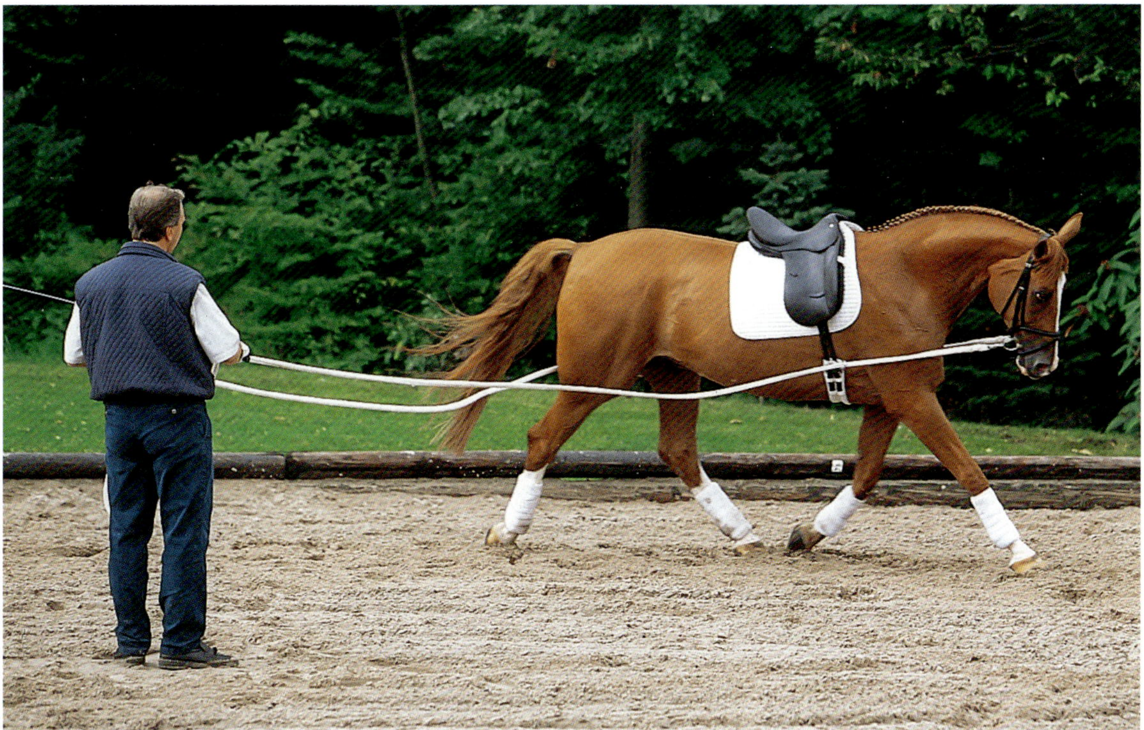

Verlaufsplanung einer Ausbildungseinheit bei einem weiter ausgebildeten Pferd

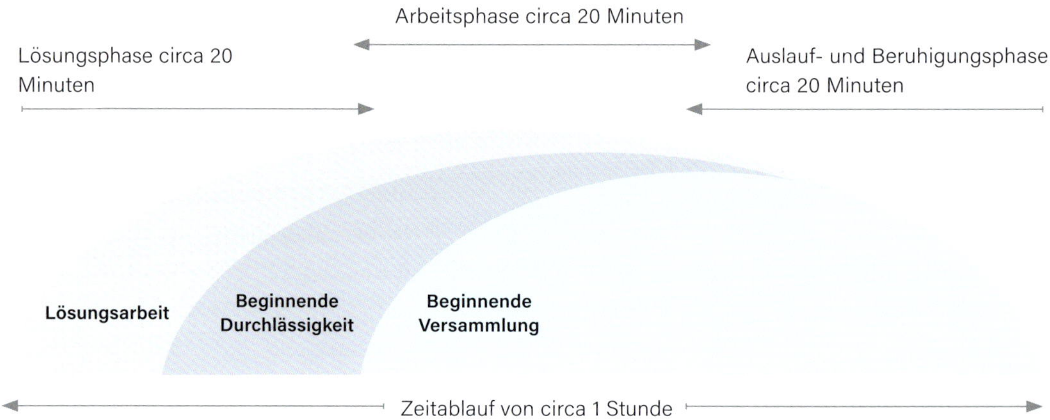

Ablauf einer Ausbildungsstunde

Arbeitsphase

In der **Arbeitsphase** werden die weiteren Punkte der Ausbildungsskala – **Schwung, Geraderichten** und **Versammlung** – je nach Ausbildungsstand beziehungsweise Verwendungszweck des Pferdes verbessert.

Um ein Pferd in der Arbeitsphase nicht zu sehr zu beanspruchen, sollte diese nicht länger als circa 20 Minuten betragen.
Treten in der Arbeitsphase Probleme auf, darf nicht mit groben Hilfen versucht werden, diese zu lösen. Der einfühlsame Ausbilder schaltet zurück, verbessert wieder die Grundausbildung und baut dann hierauf wieder auf.

Auslauf- und Beruhigungsphase

In der abschließenden Auslauf- und Beruhigungsphase muss das Pferd in jedem Fall betont über den Rücken und in die Tiefe gearbeitet werden, um einen positiven Abschluss und gute Voraussetzungen für die Arbeit am kommenden Tag zu schaffen.

Diese „Circa"-Angaben beziehen sich auf die Ausbildung unter dem Reiter. Bei der Arbeit an der Doppellonge verkürzen sich die einzelnen Phasen, da die Ziele im

Normalfall wesentlich schneller zu erreichen sind. Außerdem würde es ein Pferd unter Umständen zu sehr strapazieren, wenn es zu lange auf der gebogenen Zirkellinie gearbeitet wird. Eine halbe Stunde Longenarbeit sollte nicht überschritten werden.

Abwechslungsreich und individuell

Wenn man an den Fortschritt in der Ausbildung und die Gesundheit des Pferdes denkt, wäre es am günstigsten, das Arbeitspensum zwar abwechslungsreich und individuell angepasst, aber doch relativ gleich zu halten. Unglücklich wäre es, ein Pferd an einem Tag besonders intensiv circa 2 Stunden zu beanspruchen und es am nächsten Tag, weil es ja am Vortag stark belastet worden ist, nur laufen zu lassen. Bei einem solchen Trainingsaufbau werden sich weder Lernerfolg noch Muskelschulung einstellen.

1.4 Allgemeine Grundsätze

Für welchen Verwendungszweck auch immer ein Pferd ausgebildet wird, so sollten bestimmte Regeln in jedem Fall Beachtung finden.

Grundsätzlich muss bei der gesamten Ausbildung eines Pferdes in kleinen **Lernschritten** vorgegangen werden. Die Erwartungen, die ein Ausbilder an das Pferd stellt, darf er nie zu früh und nie zu schnell erreichen wollen. Es könnten sonst sowohl physische als auch psychische Probleme eintreten, die sehr schwer wieder zu korrigieren sind.

Wenn es verstanden wird, immer vom **Leichten zum Schweren** vorzugehen, wird ein kontinuierlicher Fortschritt eintreten. Stillstände oder Rückschritte sind dabei völlig normal. Die Ursachen hierfür sind oft entwicklungsbedingt und regeln sich nach einer gewissen Zeit.

Wenn die Grundausbildung solide durchgeführt wurde, kann der Ausbilder bei auftretenden Problemen jederzeit auf sie zurückgreifen und wieder darauf aufbauen.

Völlig falsch wäre es, mit groben Hilfen und über die Maßen zu arbeiten oder mit besonderen Hilfszügeln und Gebissen einen scheinbaren Erfolg erzwingen zu wollen.

Wichtig!
Neben den technischen Fertigkeiten, ein Pferd auszubilden, ist das Eingehen auf die Psyche und die Herstellung des Vertrauens des Tieres in die Ausbildung eine wesentliche Voraussetzung für ein harmonisches Miteinander und für reiterlichen Erfolg.

Der umsichtige Ausbilder muss sich Gedanken darüber machen, ob ein Pferd bei auftretenden Widersetzlichkeiten „nicht will" oder „nicht kann". Es wäre zu einfach, die Sache rein handwerklich zu betrachten und auf dem Standpunkt zu stehen: „Da muss er durch."

Es ist wichtig, den Ursachen für Störungen ebenso wie für besonders gute Phasen (um diese zu wiederholen), auf den Grund zu gehen. Hierzu gehört eine Gesamtbetrachtung des Pferdes. Exterieur, Interieur, Veranlagung, Umweltbedingungen und vor allem die bisherige Ausbildung sind Faktoren, die in die Überlegungen mit einbezogen werden müssen.

Bei Problemen ist sicherzustellen, dass das Pferd keine gesundheitlichen Schäden hat und nicht aufgrund von Schmerzen versucht, sich den Hilfen zu widersetzen.

Verfügt der Ausbilder über die technischen Fähigkeiten und hält er sich an das System der Klassischen Ausbildung, wird sich der Erfolg bei entsprechendem Können einstellen.

Eine Ausbildung kann nur dann gut und effektiv sein, wenn sie systematisch betrieben wird. Pferde auszubilden und zu besseren Leistungen zu bringen ist dann, wenn man sich in der Systematik der Ausbildung auskennt, relativ unproblematisch.

2 Vielseitige Einsatzmöglichkeiten der Doppellonge

Die Einsatzmöglichkeiten der Doppellonge sind äußerst vielseitig. Es spielt hierbei keine Rolle, in welcher Disziplin das Pferd eingesetzt wird, in welcher Ausbildungsphase es sich befindet oder ob es freizeitorientiert oder für den Sport trainiert wird.

Grundsätzlich gibt es keine Unterschiede im richtigen Gehen eines Pferdes. Man wünscht sich bei jedem Pferd korrekte dynamische Bewegungen, eine zwanglose natürliche Selbsthaltung und ein harmonisches Gesamtbild.

Derjenige, der es versteht, die Vorteile der Doppellongenarbeit zu nutzen, wird sie in **allen Sparten des Pferdesports** sinnvoll und hilfreich einsetzen können.

Abwechslung für die Ausbildung

Alle Pferde sollten **abwechslungsreich** und vielseitig gearbeitet werden. Dies ist nicht nur für den Reiter eine Bereicherung, sondern trägt außerdem wesentlich zur **Ausgeglichenheit** und **Gesunderhaltung** des Pferdes bei. Das heißt, dass jedes Pferd nach Möglichkeit in vielen Disziplinen eine gewisse Grundausbildung haben sollte.
Falsch wäre es zum Beispiel, mit einem Dressurpferd ausschließlich dressurmäßig zu reiten und nur Lektionen zu üben. Sicherlich wird dieses Pferd die Lektionen absolvieren, Ausstrahlung, Gehfreude, Leistungsbereitschaft und Leichtigkeit wird man jedoch vermissen.

Die Gehfreudigkeit eines Pferdes kann man zum Beispiel durch **kontrolliertes Reiten im Gelände** erhalten, Elastizität durch **Bodenrickarbeit** und **Gymnastikspringen**.

Die **Arbeit an der Doppellonge** ist eine weitere Möglichkeit, ein Pferd vielseitig zu arbeiten und zu motivieren.

Zur Ausbildung gehört auch, dass dem Pferd über die Arbeit hinaus Gelegenheit gegeben wird, sich zusätzlich ohne Belastung zu bewegen, zum Beispiel durch **Spazierenreiten**, **Weidegang** etc.

Vielseitige Einsatzmöglichkeiten der Doppellonge …

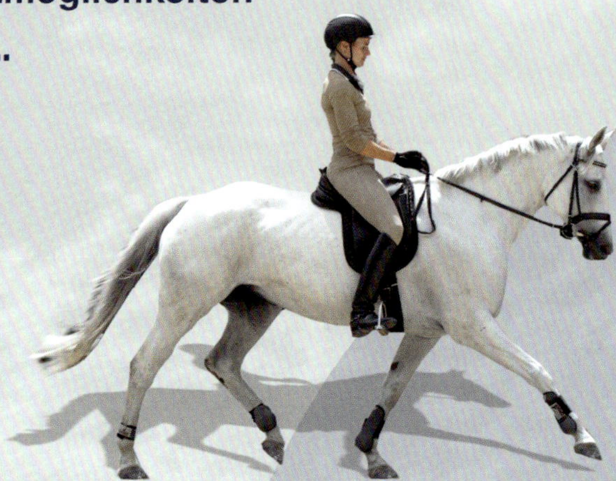

… in der Dressur

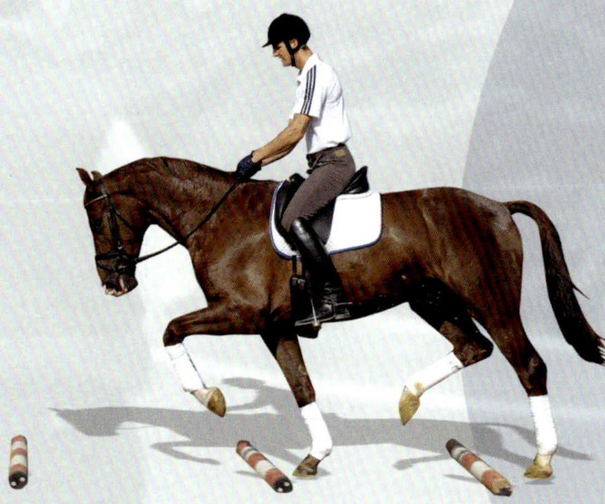

… bei der Stangenarbeit

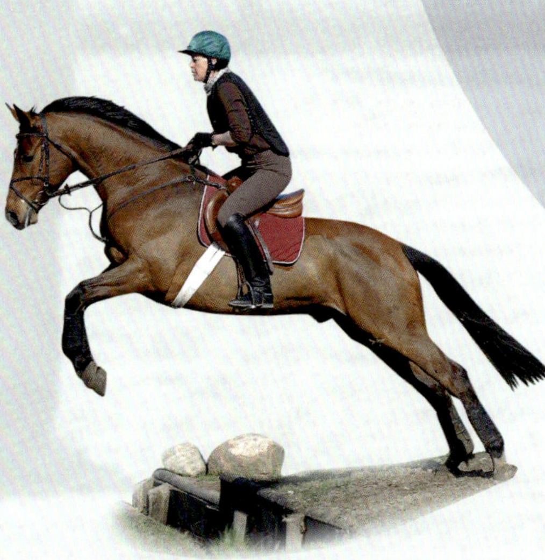

… für das Geländepferd

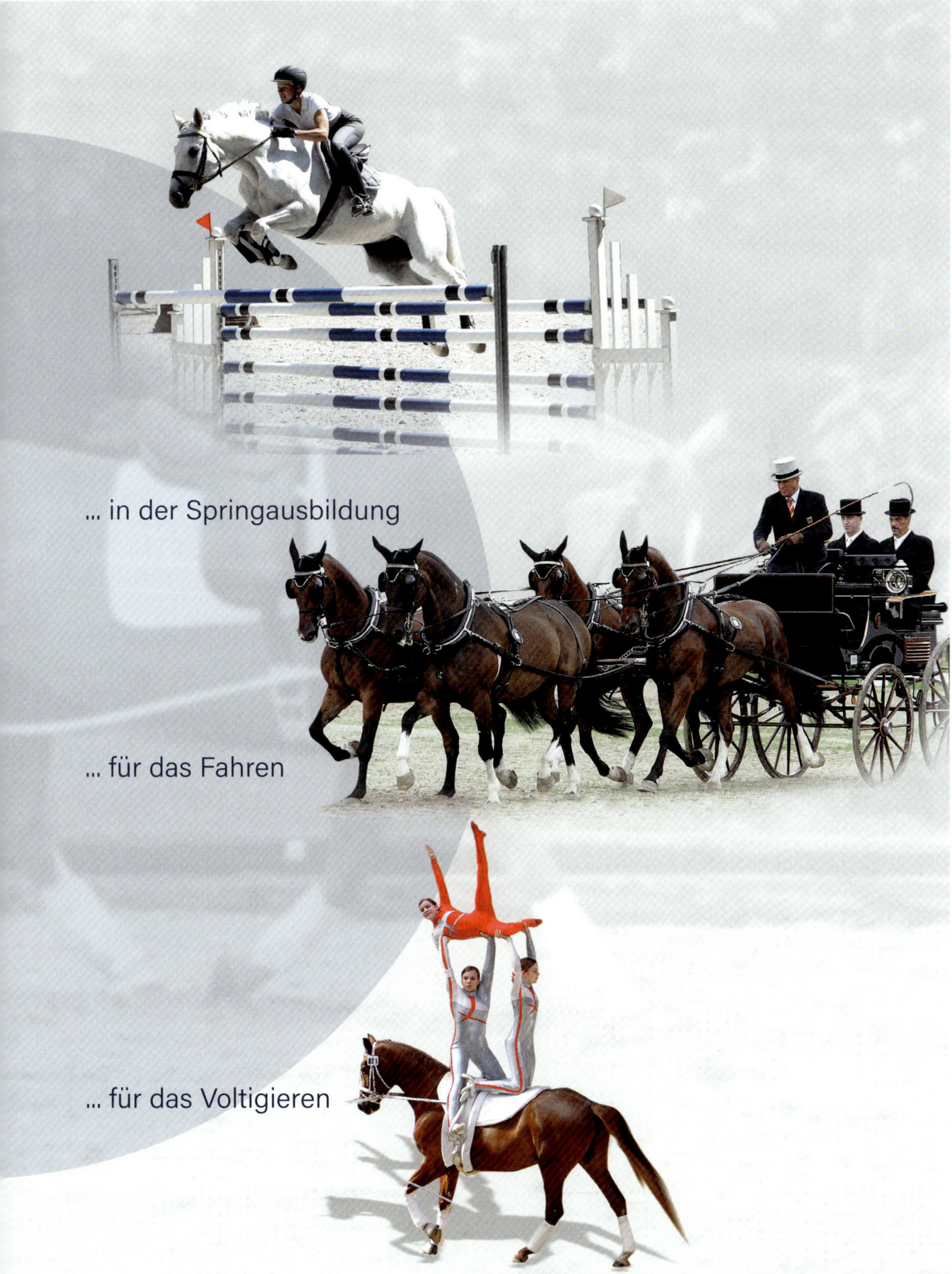

... in der Springausbildung

... für das Fahren

... für das Voltigieren

In der Gewöhnungs- und Vertrauensphase

Es ist bereits in der Gewöhnungs- und Vertrauensphase möglich, junge Pferde mit der Doppellonge zu arbeiten. Sie lernen die Ausrüstungsgegenstände kennen und werden mit der beidseitigen Führung der Longe, – die den späteren Zügelhilfen sehr ähnlich ist – vertraut gemacht. Auf der Zirkellinie lernen Remonten sich auszubalancieren und ihr natürliches Gleichgewicht wiederzufinden. Ziel bei der Ausbildung junger Pferde ist zunächst das taktmäßige, losgelassene Gehen, wobei sich das Pferd vorwärts-abwärts dehnen sollte.

So vorbereitete Pferde bieten dem Reiter/Fahrer erheblich mehr Kontrolle und Sicherheit. Sie gehen in der Regel auf Anhieb ohne Probleme.

Zum Lösen

Begleitend zur weiteren Grundausbildung kann das Pferd an der Doppellonge hervorragend gelöst werden. Hierdurch wird vor allem die **Rückentätigkeit** gefördert, da kein Reitergewicht die Bewegung des Pferdes beeinflusst.

In der weiteren Ausbildung

Die **Durchlässigkeit** wird in der weiteren Ausbildung verbessert – insbesondere durch das Longieren von Übergängen. Hierbei wünscht man sich eine zwanglose Selbsthaltung des Pferdes. Lektionen, die dem Reiter/Fahrer Probleme bereiten, können mit wenig Aufwand erarbeitet werden.
In diesem Ausbildungsstand wird neben den Punkten Takt, Losgelassenheit und Anlehnung vor allem das schwungvolle Gehen des Pferdes verbessert und durch die bessere Längsbiegung wird die Geraderichtung optimiert.

Für alle Pferde Bodenrickarbeit

Im Interesse einer vielseitigen Ausbildung bieten die Bodenrickarbeit und das Gymnastikspringen an der Doppellonge neben der Abwechslung für das Ausbildungsprogramm viele weitere Vorteile.

Für das Springpferd

Neben dem Springen unter dem Reiter und dem Freispringen hat man mit der

Doppellonge eine weitere Möglichkeit, Pferde springen zu lassen. Beintechnik, Bascule und Kontrolle werden deutlich verbessert.

Für das Fahrpferd

Für das Fahrpferd ist die Arbeit an der Doppellonge unabdingbare Voraussetzung. Durch diese Arbeit wird das Pferd an die Berührung von Leinen und Strängen gewöhnt und lernt auf Stimme und Peitsche entsprechend zu reagieren. Nur ein sorgfältig ausgebildetes Pferd wird im Gespann die Sicherheit, Kontrolle und Durchlässigkeit bieten, die für den Fahrsport erforderlich sind.

Für das Voltigierpferd

Die Doppellonge kann eine hilfreiche und sinnvolle Ergänzung in der Ausbildung, bei der Korrektur und im Training eines Voltigierpferdes sein.
Bei Pferden, die nicht zusätzlich qualifiziert geritten werden, könnte die Arbeit an der Doppellonge zum Beispiel auch als Ausgleichsfunktion zum Voltigiersport dienen.
In diesem Sinne trägt sie auch in hohem Maße zur **Gesunderhaltung** der Pferde bei.

Für die fortgeschrittene Ausbildung des Dressurpferdes

In der fortgeschrittenen Ausbildung ist besonders die Erarbeitung der Versammlung mithilfe der Doppellonge sehr gut möglich. An der normalen Longe dürfte dies nur wenigen Könnern vorbehalten sein.
Die **versammelnde Arbeit** kann sowohl beim Longieren als auch am langen Zügel durchgeführt werden.

Für das Korrekturpferd

Gerade bei der Arbeit von Korrekturpferden hat sich der Einsatz der Doppellonge bewährt. Bei allen Problemen, die ein Pferd hat, kommt es darauf an, das Pferd wieder zu den Ausgangspunkten der Ausbildung – Takt und Losgelassenheit – zu bringen, um darauf die weitere Ausbildung aufzubauen.

3 Ausbildung des Longenführers

Zum effektiven Longieren muss der Longenführer genaue Vorstellungen über das richtige Gehen eines Pferdes haben und das praktische Können, ein Pferd in die gewünschte Form und Haltung zu bringen.

3.1 Voraussetzungen

Wer mit der Doppellonge longieren möchte, muss, um nicht in schwierige oder gefährliche Situationen zu geraten, zunächst einmal die Technik des Longierens erlernen. Solange der Longenführer noch Probleme mit der Handhabung von Longe und Peitsche hat, kann er nicht erwarten, dass sein Pferd auf die Hilfen korrekt reagiert.

Wichtig!
Aus Sicherheitsgründen ist dringend zu empfehlen, die ersten Übungen nur unter Anleitung eines routinierten Longenführers zu beginnen.

Der Einsatz von Lehrpferden, also routinierten Doppellongepferden, ist für die Ausbildung des Longenführers unbedingt zu empfehlen. Sie werden auch die mit Sicherheit eintretenden Fehler in der Handhabung der Longe verzeihen und reagieren nicht gleich heftig oder panikartig. Ältere, gut einlongierte und nicht zu sensible Wallache sind hierzu am besten geeignet.

Nicht nur bei den ersten Übungen, sondern bei jedem Longieren ist unbedingt darauf zu achten, dass Handschuhe getragen werden.
Die Handschuhe sollten griffig sein, um ein unbeabsichtiges Durchgleiten der Longen zu verhindern.
Sporen dürfen während des Longierens auf keinen Fall getragen werden. Ein Hängenbleiben der Longen am Sporn ist nie auszuschließen und kann den Longenführer zu Fall bringen.

3.2 Hilfen

Wie beim Reiten ist auch bei der Doppellongenarbeit der Erfolg in erster Linie von dem korrekten Zusammenwirken der Hilfen abhängig. Dem Longenführer stehen als Hilfen die **Stimme**, die **Peitsche** und die **Longe** zur Verfügung.

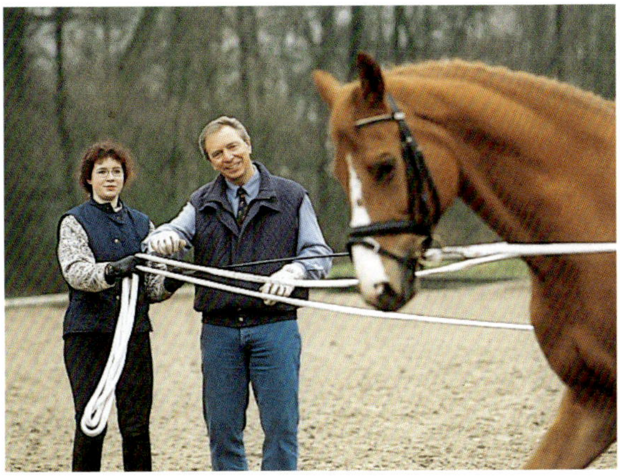

Normales Longieren mithilfe des Ausbilders

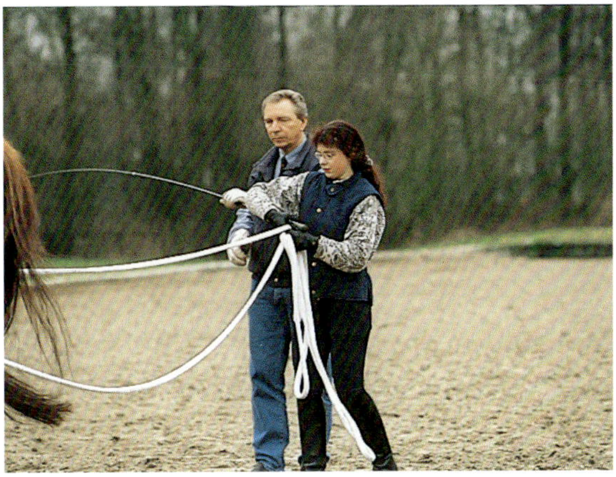

Der erste Handwechsel

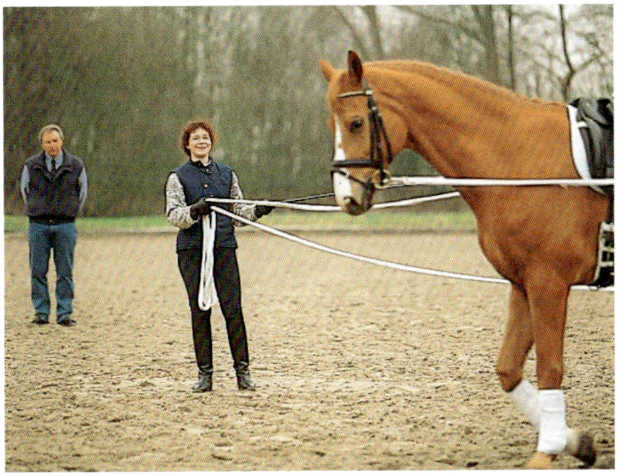

Der Ausbilder überwacht das Longieren und ...

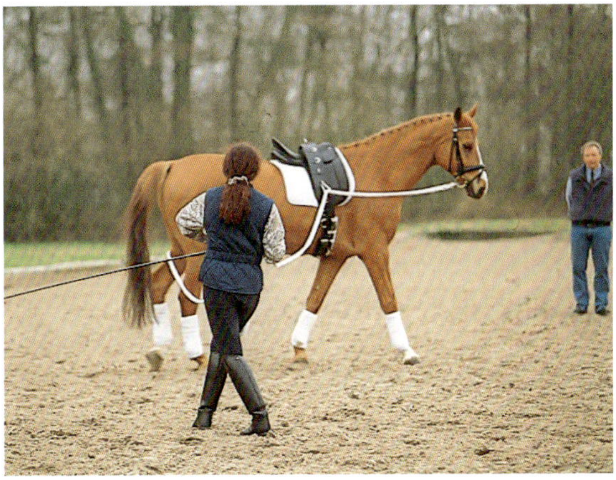

... gibt Anweisungen für den Handwechsel.

Stimme

Die Stimme kann je nach Betonung **treibend** oder **beruhigend** wirken. Hellere, kürzere und energische Stimmhilfen sind auffordernd, während tiefere und ruhige Laute eine beruhigende Wirkung haben. Durch die Wiederholung bestimmter Worte prägen sich die Pferde diese Worte als Signale ein und zeigen bei ihrer Verwendung entsprechende Reaktionen, zum Beispiel. ein ruhiges „Haaalt“ zum Durchparieren oder ein deutliches und bestimmtes „Galopp“ zum Angaloppieren. Die Stimme stellt mit die wesentlichste Hilfe dar und sollte sich dennoch auf ein Minimum beschränken – sie darf vor allem nur das longierende Pferd und nicht andere in der Bahn befindliche Pferde beeinflussen.

Peitsche

Grundsätzlich darf das Pferd **keine Angst** vor der Peitsche haben, wohl aber einen gewissen **Respekt**. Dazu ist es erforderlich, dass der Longenführer in der Lage ist, an jeder beliebigen Stelle und in jeder gewünschten Stärke das Pferd zu touchieren. Nur so kann die Peitsche gezielt als **vorwärtstreibende** und auch als nach **außen weisende Hilfe** eingesetzt werden. Peitschenübungen ohne Pferd sind hierzu recht hilfreich.

Longenhilfen

Die Longenhilfen sind in ihrer Wirkungsweise den Zügelhilfen sehr ähnlich. Der Longenführer muss in der Lage sein, in jeder Situation, mit der entsprechenden Technik gefühlvoll auf das Pferd einzuwirken. Wie beim Reiten, sollte die Anlehnung möglichst leicht, sicher und beständig sein. Im Idealfall hat der Longenführer nur das Gewicht der Longe in der Hand. Bezüglich der Griffe ist zu sagen, dass es hierbei keine genauen Vorschriften gibt. Entscheidend ist letztlich das richtige Gehen des Pferdes. Gewisse Griffe und Handhabungen haben sich jedoch als zweckmäßig erwiesen, da so das Pferd mit geringstem Aufwand zu führen ist.

Beidhändige Führung

Wenn man junge und heftige Pferde longiert, empfiehlt sich die beidhändige Führung. Die Longen verlaufen dann – bei beiden Händen – zwischen dem kleinen Finger und dem Ringfinger und liegen, ähnlich der Zügelhaltung in der geschlossenen Hand. Auch bei dem Erarbeiten von Übergängen oder bei bestimmten Lektionen, zum Beispiel ganzen Paraden, wird die beidhändige Führung notwendig sein.

In der weiteren Ausbildung sollte in der Regel die Longe in einer Hand liegen, um so zu einer noch gleichmäßigeren und beständigeren Anlehnung zu kommen.

Einhändige Führung

Wenn man zum Beispiel auf der linken Hand longiert, sieht die einhändige Grundhaltung so aus, dass die linke Longe zwischen dem Daumen und Zeigefinger, die rechte Longe zwischen dem Ring- und Mittelfinger verläuft. Ein längeres Longenende kann über den kleinen Finger gelegt werden. So kann das Pferd (mit einer Hand) durch das Eindrehen der Hand über den Handrücken gestellt werden und auch ein Annehmen und Nachgeben aus dem Handgelenk beziehungsweise aus

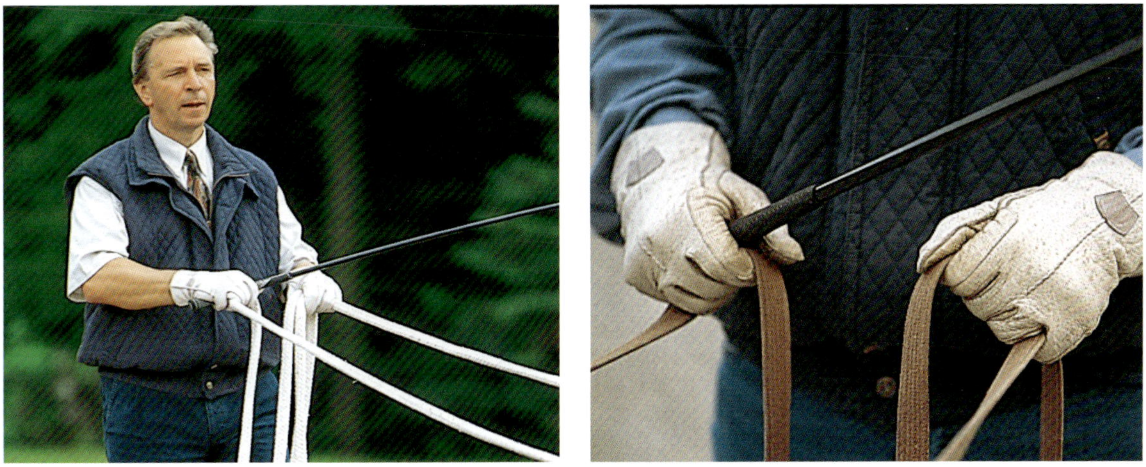

Beidhändige Führung der Longe auf der rechten Hand

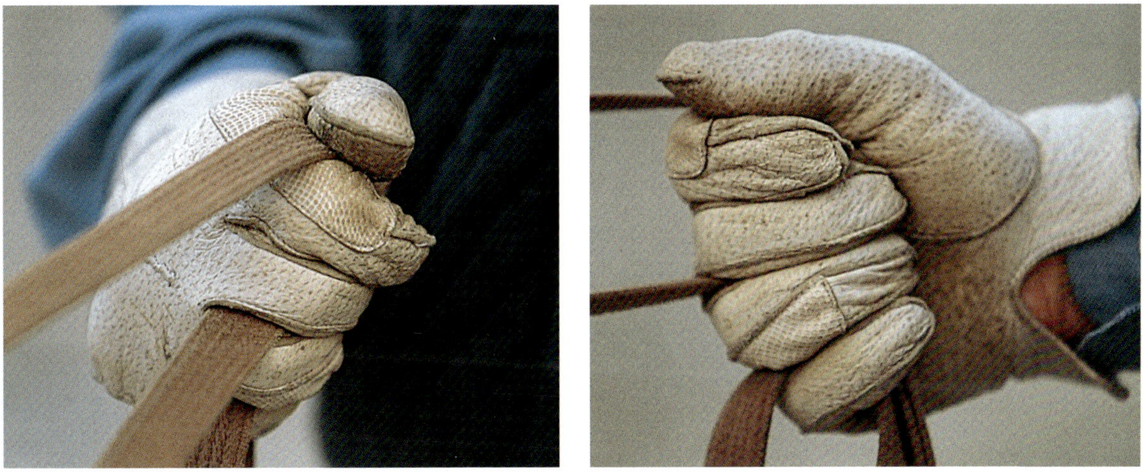

Einhändige Longenführung auf der rechten Hand

dem Arm ist gut möglich. Nach dem Handwechsel sollten Longe und Peitsche spiegelbildlich umgefasst werden.

Andere Führungen der Doppellonge sind selbstverständlich auch möglich. Entscheidend ist, dass der Longenführer mit seiner Handhabung sicher und effektiv auf das Pferd einwirken kann.

3.3 Das Zusammenwirken der Hilfen

Das richtige Longieren des Pferdes hängt in erster Linie von der Aktivität der Hinterhand und dem korrekten Zusammenwirken der Hilfen ab. Beim Reiten müssen Gewichts-, Schenkel- und Zügelhilfen im richtigen Maß gefühlvoll zusammenwirken. Das gleiche Zusammenwirken der Hilfen hat man auch beim Longieren. Die Stimmhilfen kann man mit den Gewichtshilfen vergleichen, die sowohl treibend als auch verhaltend wirken können. Die Peitsche ersetzt die Schenkelhilfen und die Longe ist mit den Zügeln vergleichbar.

Um ein Pferd durchs Genick zu stellen, muss der Longenführer halbe Paraden herauslongieren. Hierzu wird das Pferd zunächst durch die treibenden Hilfen aktiviert und an die durchhaltenden Longenhilfen herangetrieben. Sobald der Longenführer sieht und fühlt, dass das Pferd im Genick nachgibt und die Hilfen durchlässt, muss er sofort in der Hand leicht werden und an der Longe nachgeben. Dies verhindert, dass das Pferd eng im Hals wird oder sich fest macht.

Einhändige Longenführung auf der linken Hand, die Longe ist in der inneren Hand und die Peitsche befindet sich in der äußeren Hand Richtung Kruppe.

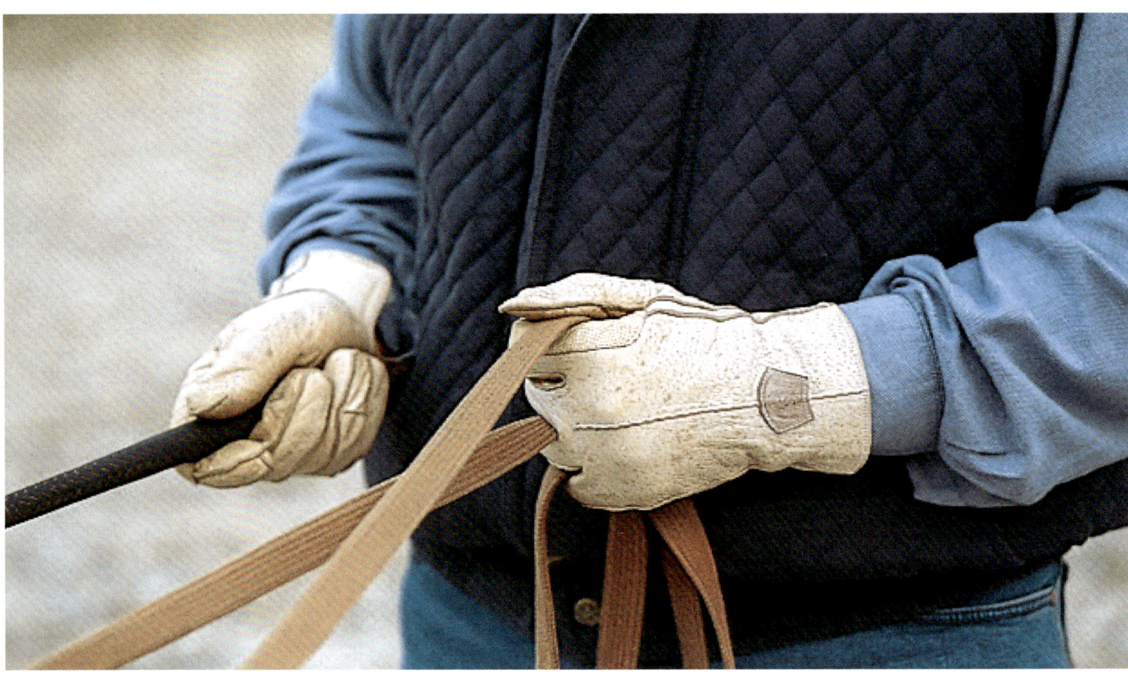

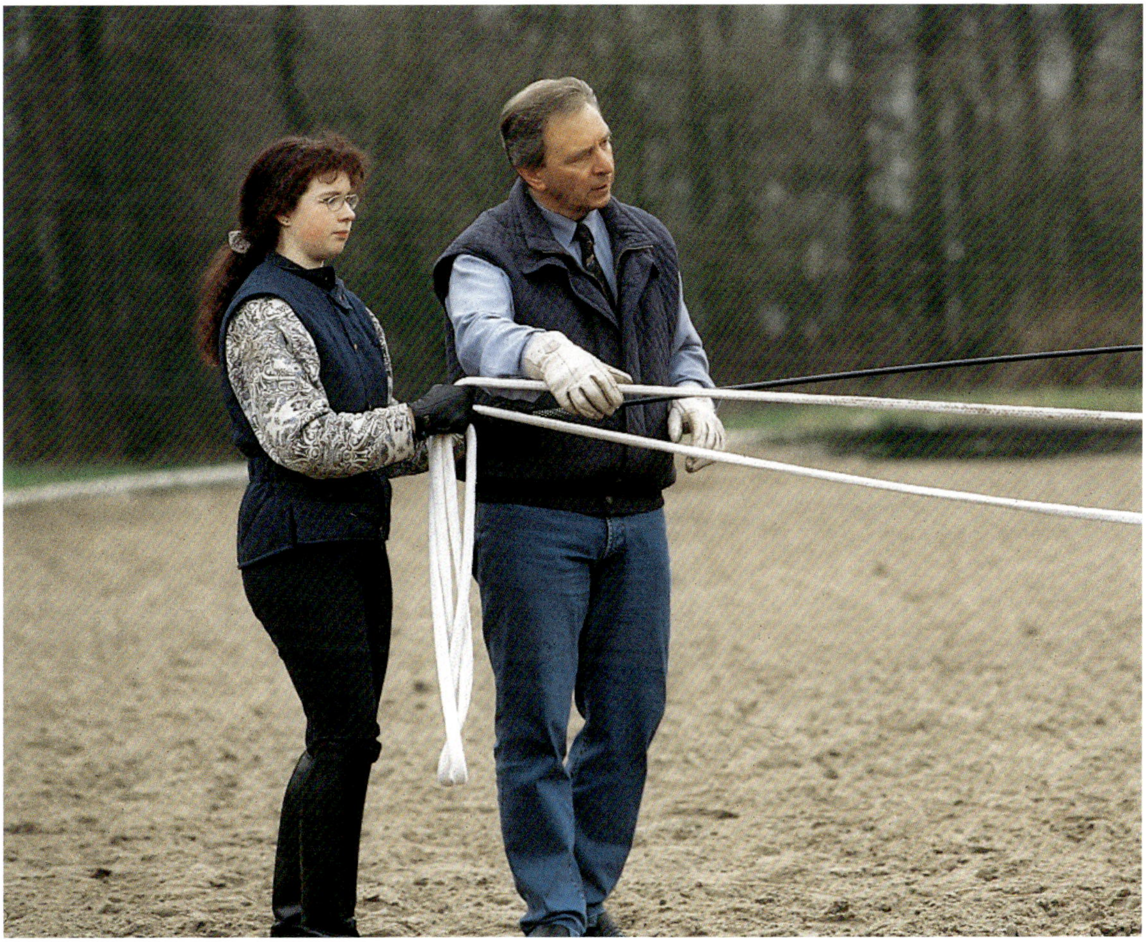

Der Ausbilder erklärt und zeigt das Annehmen und Nachgeben an der inneren Longe.

Wenn der Longenführer Stellung und Biegung verbessern möchte, muss er das Pferd mit der Peitsche in Richtung Schulter nach außen weisen und gleichzeitig die innere Hand eindrehen beziehungsweise annehmen, um so das Pferd zu stellen. Auch hierbei ist das sofortige Nachgeben an der inneren Longe besonders wichtig. Zum einen verhindert man dadurch ein Ausfallen über die äußere Schulter und zum anderen erhält man das Pferd in einer leichten Anlehnung.

Wichtig!
Der Erfolg beim Longieren hängt in erster Linie vom Heranhalten der Hinterhand und vom gefühlvollen Nachgeben zum richtigen Zeitpunkt ab.

3.4 Der Handwechsel

Recht schwierig erscheint dem Anfänger zuerst der Handwechsel. Das Pferd korrekt in Stellung und Biegung, in dem gewünschten Tempo durch und aus dem Zirkel wechseln zu lassen erfordert Geschick, Einfühlungsvermögen und recht viel Routine.

Durch den Zirkel wechseln

Zum Wechseln durch den Zirkel behält man zunächst das Maß der Longen bei und bewegt sich nach außen in Richtung Hufschlag – dadurch wird das Pferd veranlasst, in den Zirkel zu kommen. Beim Erreichen des Hufschlags verlängert der Longenführer die neue äußere Longe und verkürzt die neue innere Longe. Dann geht er wieder in Richtung Zirkelmitte und führt dabei das Pferd auf den Hufschlag hinaus. Auf der neuen Hand werden die Longen geordnet und das Pferd wieder korrekt auf den Zirkel eingestellt. Während des Handwechsels muss die Peitsche geschickt gehandhabt werden.

Durch den Zirkel wechseln

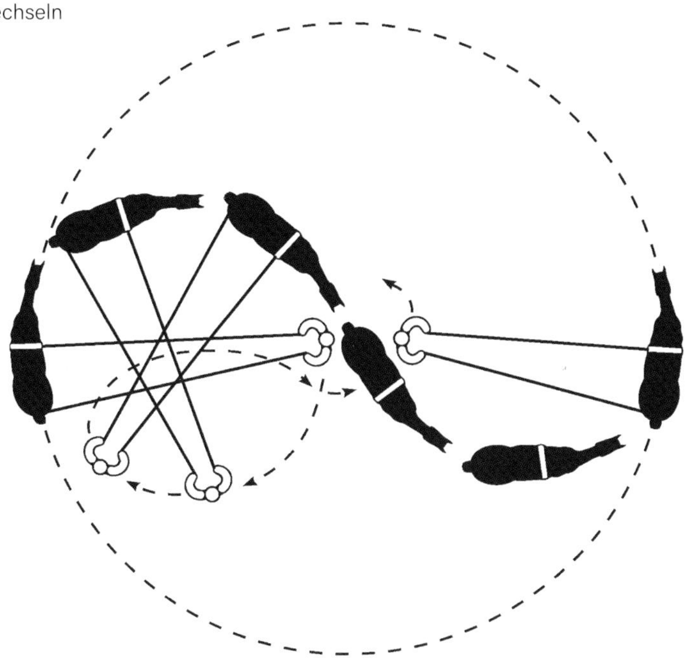

Wechseln aus dem Zirkel

Zum Wechseln aus dem Zirkel stellt der Longenführer das Pferd beim Überschreiten der Mittellinie um. Hierfür verlängert er die äußere Longe in dem Maße, wie er die neue innere verkürzt. Dabei bewegt er sich entlang der Mittellinie bis zum Mittelpunkt des neuen Zirkels.

Viele Longenführer neigen dazu, beim Longieren zu sehr mitzugehen – sie halten ihren Standort im Zirkelmittelpunkt nicht ein. Bei jüngeren Pferden wird man nicht immer umhinkommen, mehr oder weniger mitzugehen. Wenn man jedoch davon ausgeht, dass das Pferd in einer korrekten Längsbiegung gearbeitet werden soll, damit die Geraderichtung verbessert wird, so ist es beim fortschreitenden Longieren mehr und mehr erforderlich, dass der Longenführer als Fixpunkt stehen bleibt, um so das Pferd auf einem genau gleichmäßigen Kreisbogen zu arbeiten.

Wenn sich auch die ersten Übungen mit der Doppellonge recht schwierig gestalten und besonders der Handwechsel kompliziert erscheint, so wird man doch mit zunehmender Übung Routine und Sicherheit erlangen und in der Lage sein, Pferde effektiv zu arbeiten.

Aus dem Zirkel wechseln

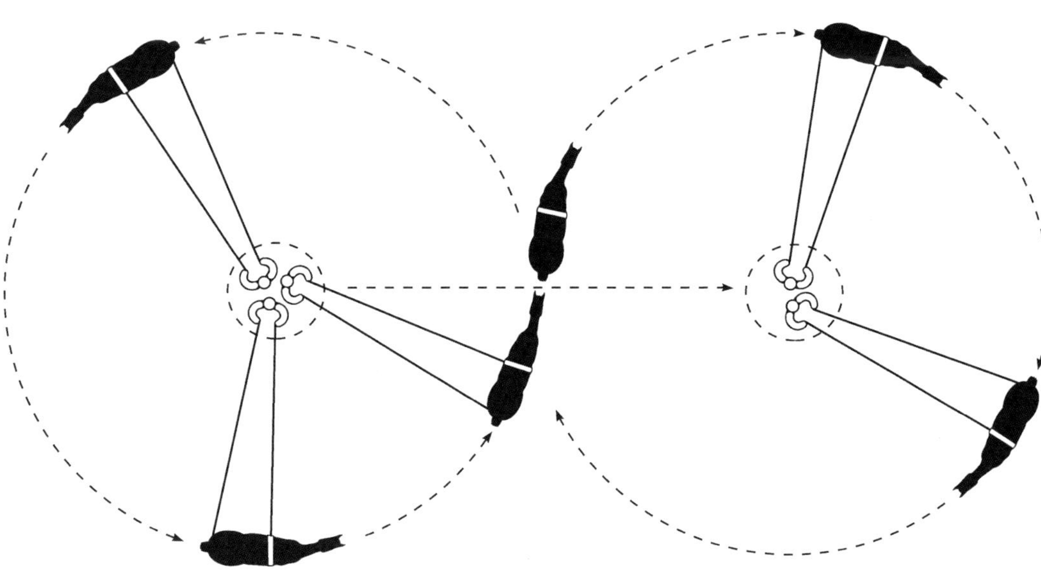

4 Ausrüstung

Eine wesentliche Voraussetzung für korrektes Longieren ist die zweckmäßige Ausrüstung. Davon ausgehend, dass das Pferd auf Trense gezäumt wird, benötigt man weiterhin folgende Ausrüstungsgegenstände.

4.1 Longe

Die Longen – sie bestehen aus einem Stück – sollten eine Länge von insgesamt circa 16 bis 18 Meter haben, sodass man jüngere Pferde auch auf einem großen Zirkel longieren kann. Das Longenmaterial sollte griffig sein und gut in der Hand liegen.

Doppellonge mit Rollenbefestigung

Kürzere Longe von geringerer Stärke, die hierdurch für die Arbeit am langen Zügel besonders geeignet ist.

Weiße dicke Baumwolllonge – liegt sehr gut in der Hand, ist gering elastisch –, aufgrund der Stärke allerdings nur dann zu handhaben, wenn man größere Hände hat.

Dicke, robuste Nylonlonge, sehr strapazierfähig; jedoch, wenn das Pferd heftig wird, etwas glatt.

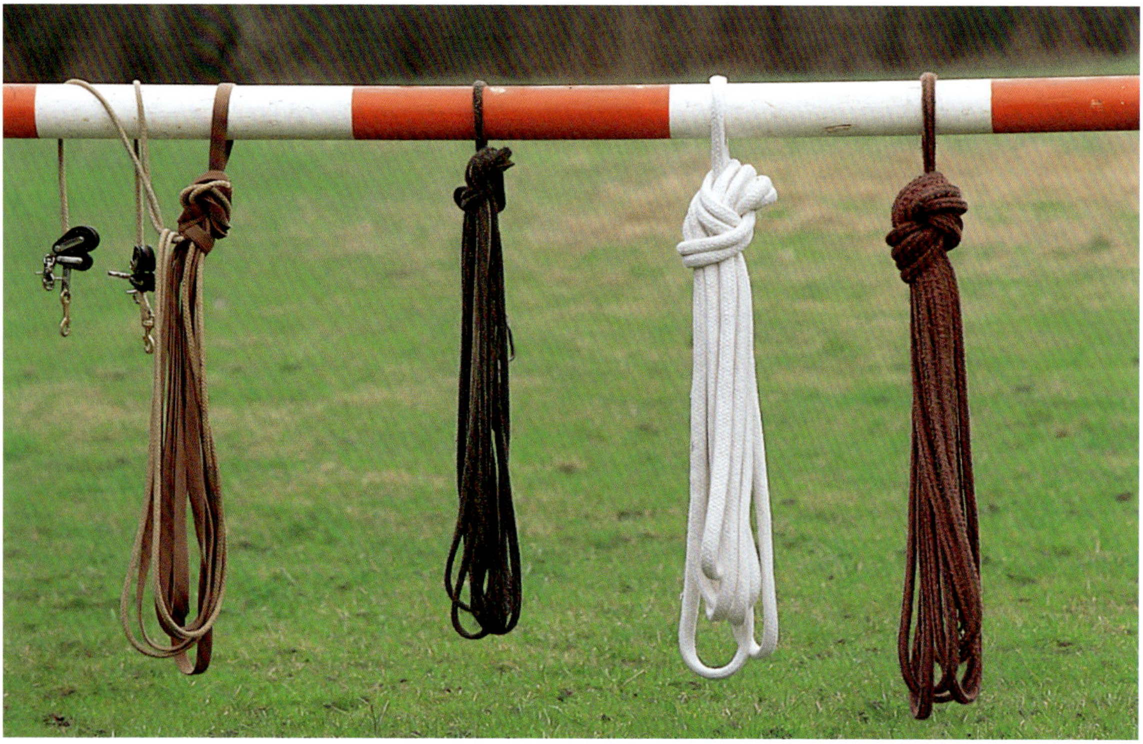

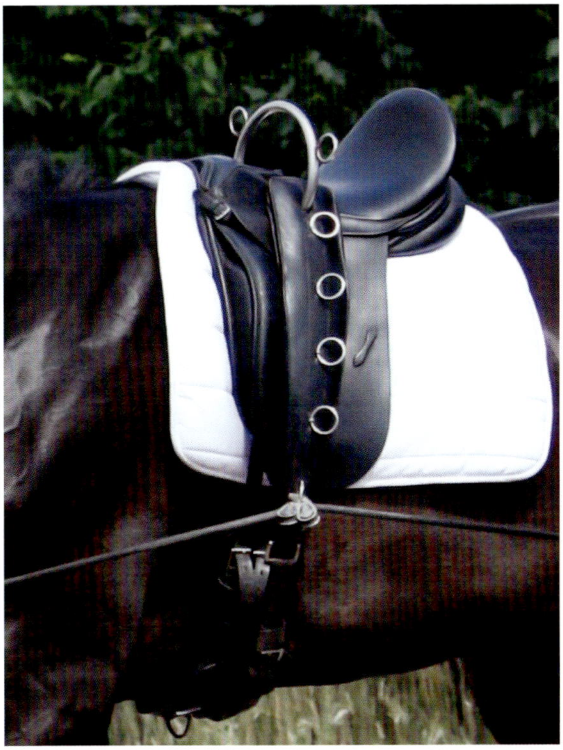

Dieser Longiergurt hält den Widerrist frei und passt sich jedem Pferd mit oder ohne Sattel an.

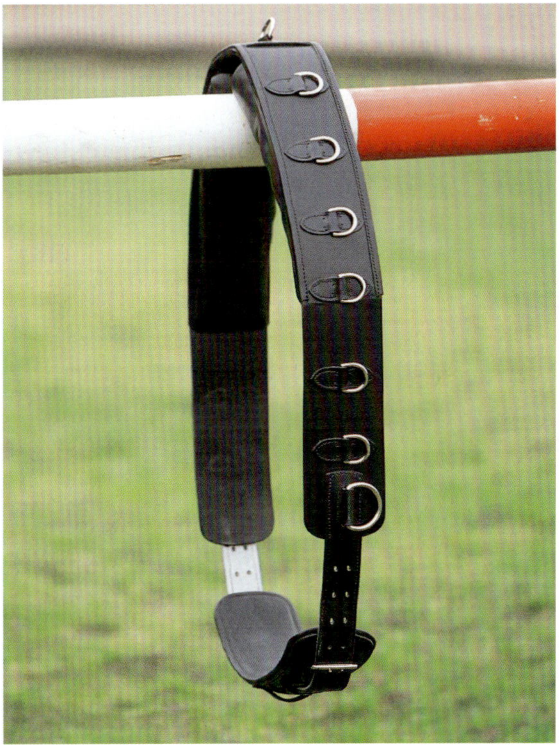

Der Longiergurt: Aufgrund der vielen Ringe ist eine individuelle Befestigungshöhe möglich. Der unterste Ring muss, so wie hier, tief genug angebracht und so groß sein, dass der Verschluss der Longe durchpasst. Je nach Bedarf kann der Longiergurt direkt auf das Pferd oder ansonsten über einen Sattel gelegt werden.

4.2 Sattel und/oder Longiergurt

Je nach Ausbildungsziel wird das Pferd mit einem Sattel und/oder Longiergurt ausgerüstet. Verwendet man nur einen Longiergurt, muss dieser gut gepolstert sein. Die Befestigungsringe für die Longen müssen groß genug und in möglichst verschiedenen Höhen angebracht sein. Bei vielen Longiergurten sind die Ringe nicht tief genug angebracht.

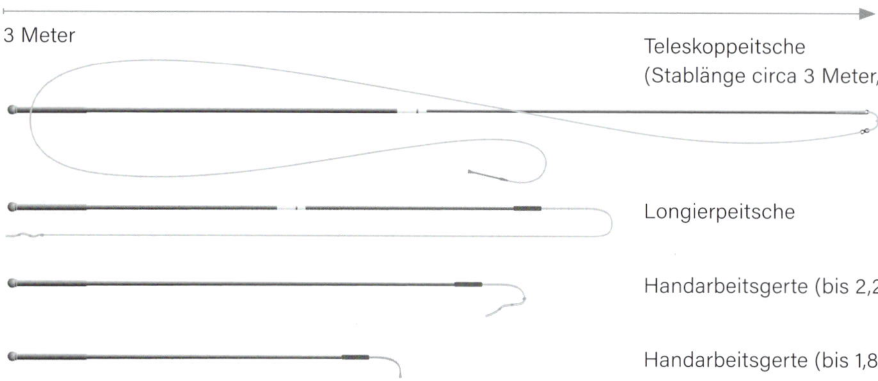

4.3 Peitsche

Die Länge der Peitsche richtet sich nach der Sensibilität des Pferdes. Im Normalfall ist sie so lang – einschließlich Schlag circa 7 bis 8 Meter –, dass das Pferd an jeder beliebigen Stelle erreicht werden kann.

4.4 Karabiner/Ringbefestigung

Damit die Longe am Sattel auf entsprechender Höhe zum Beispiel am Gurt befestigt werden kann, benötigt man entweder Karabinerhaken oder speziell für Kurzgurte Ringösen, die sich im Gurt befestigen lassen.

Befestigung des Karabinerhakens im Strähnengurt

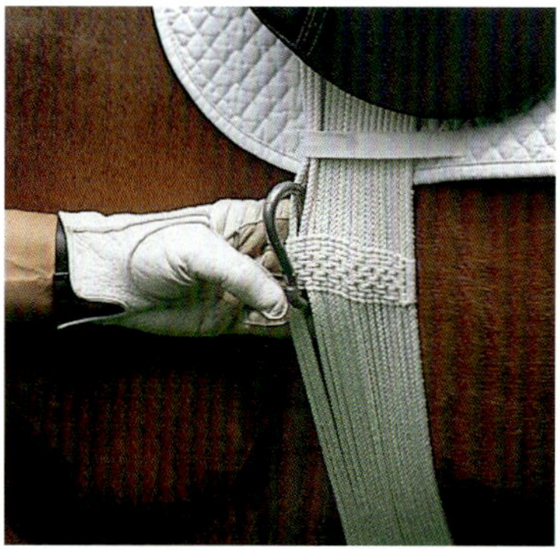

Ringöse für Kurzgurte

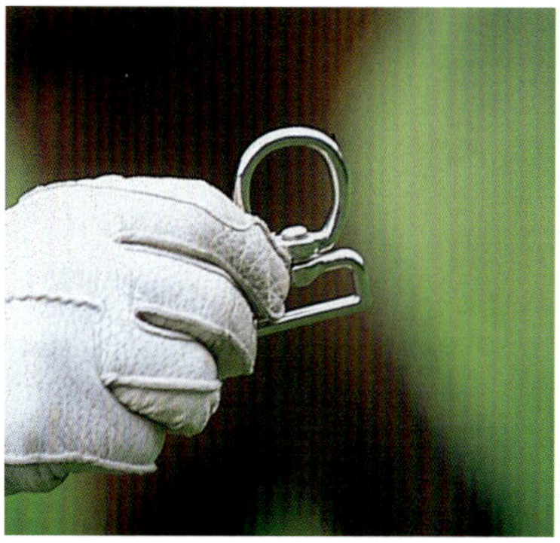

Befestigung der Ringöse am Gurt mit durchgezogener Longe

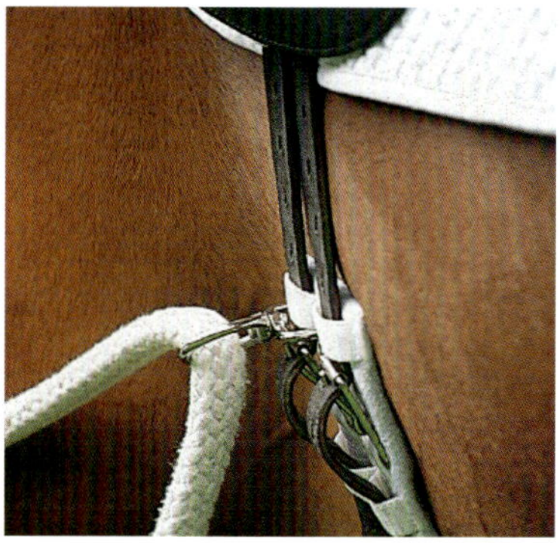

4.5 Beinschutz

Die Beine des Pferdes sollten bei jedem Longieren durch Gamaschen oder Bandagen geschützt werden.

Wenn man Probleme hat, ein Pferd unter dem Reiter zur Losgelassenheit zu bringen und es deshalb vor dem Reiten circa 15 Minuten ablongieren möchte, sollte das Pferd mit Sattel und Trense ausgerüstet werden.

Bei der in der unten gezeigten Befestigungshöhe ist es möglich, dass die Pferde nach der Lösungsphase etwas eng im Hals werden. Um den Pferden die Möglichkeit zu geben, wieder in der natürlichen Selbsthaltung zu gehen, sollte man dann die Longen entsprechend höher befestigen. Auch bei der versammelnden Arbeit

Das Pferd ist so ausgerüstet worden, dass direkt im Anschluss an die Longenarbeit geritten werden kann Zum Longieren wurden die Zügel im Kehlriemen befestigt und die Steigbügelriemen so hochgeschlagen, dass die Bügel nicht herunterrutschen können. Das Pferd ist, zum Schutz der Beine, rundum bandagiert. Zum Lösen eines Pferdes ist die Befestigung so zu wählen, dass sich die Verbindung Maul – Gurt bei normalem Gehen in der Waagerechten befindet.

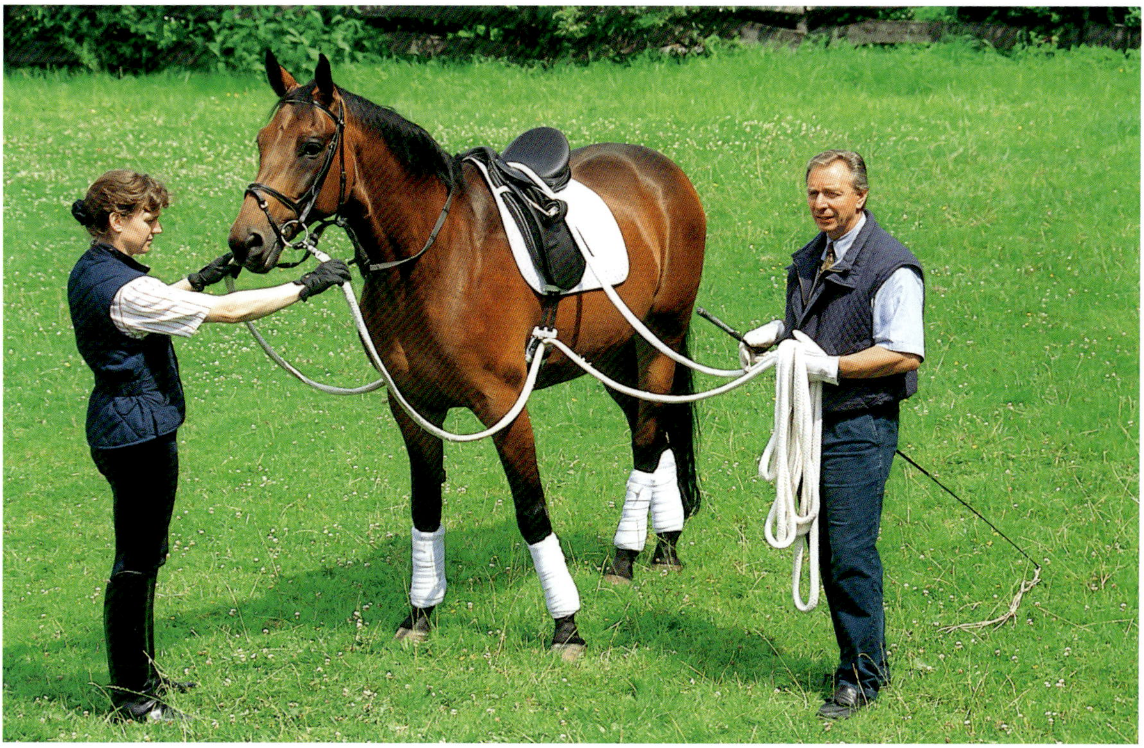

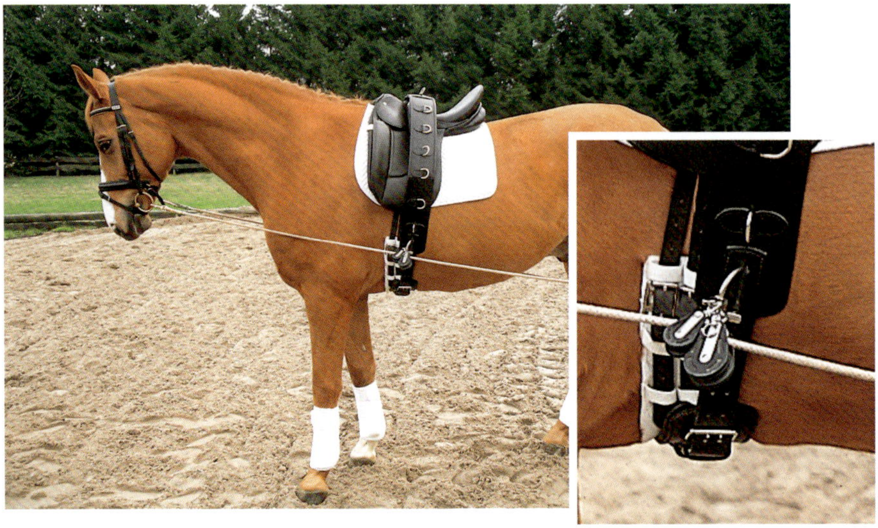

Beide Rollen sind tief befestigt. Diese Einstellung ist besonders gut geeignet, um Pferde zu lösen und auch in der abschließenden Beruhigungsphase lang und tief einzustellen.

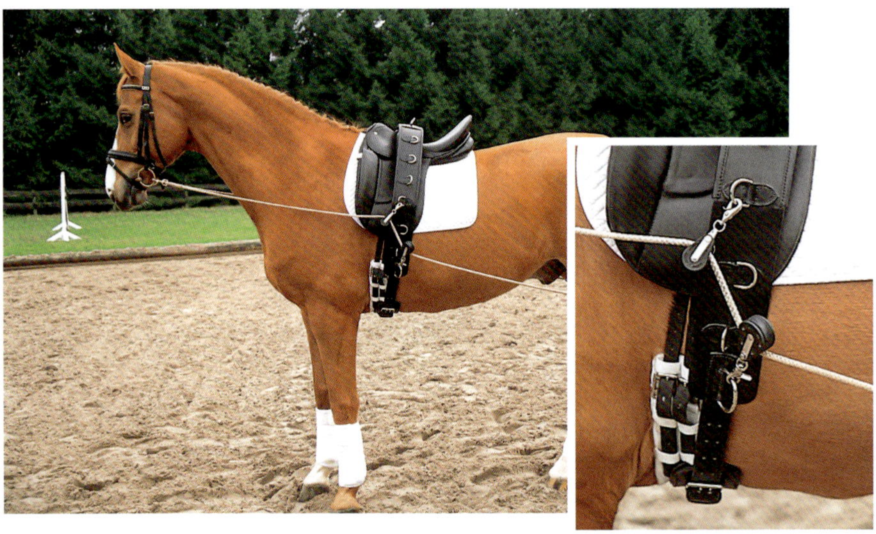

Die mittelhohe Befestigung bietet sich unter Umständen an, wenn das losgelassene Pferd eng im Hals wird und wieder in Selbsthaltung gehen soll.

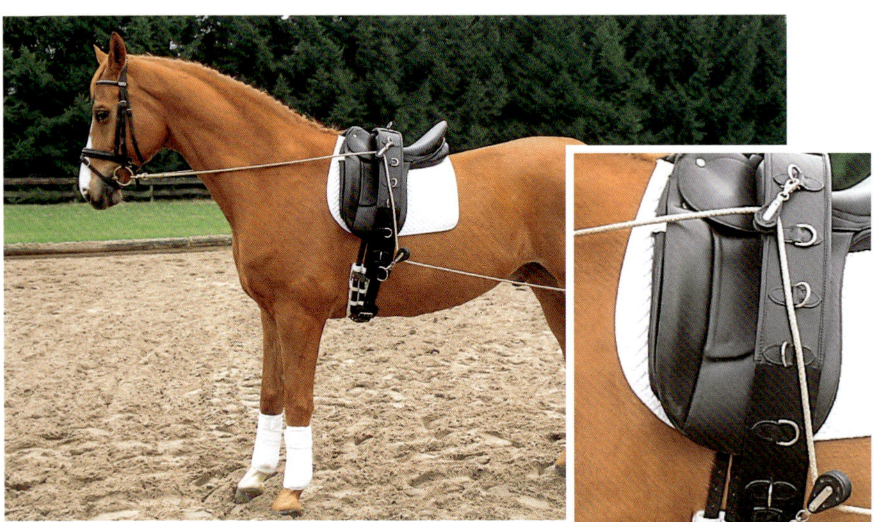

Die oberste Befestigung zeigt, dass ein Pferd hierbei zur höchsten Aufrichtung kommen kann.

sollte die Befestigungshöhe so gewählt werden, dass dem Pferd die gewünschte Aufrichtung gestattet wird.

Zu diesem Zweck kann die Longe mit den Rollenbefestigungen eingesetzt werden. Durch die verschiedenen Rollen kann die Höhe der Longenbefestigung individuell je nach Ausbildungsziel gewählt werden.

Das Umlenken einer Longe ohne Rollen führt zu einem zu starken Reibungswiderstand, sodass Hilfen – insbesondere das Nachgeben – nicht in gewünschter Weise durchkommen.

Die Doppellonge kann auch als Hilfs- oder Korrekturzügel eingesetzt werden. Dies ist beim Longieren und bei der Langzügelarbeit möglich. Die Wirkung auf das Pferd entspricht dem Einsatz des Laufferzügels. Der Laufferzügel wird in einem seitlichen Dreieck angelegt. Die nachfolgend beschriebenen Befestigungen bedürfen vonseiten des Longenführers sehr viel Routine. Keinesfalls sollte es dazu kommen, dass sich das Pferd im Hals aufrollt, eng wird oder über die Schulter ausfällt. Die Abstimmung der Hilfen und ein umsichtiges Herantasten an die richtige Höhe der Befestigung ist entscheidend für den Erfolg dieser Arbeit.

Ein kleines, weiter unten angelegtes Dreieck fördert die Genicknachgiebigkeit, Kontrolle und Dehnungsbereitschaft und damit die Losgelassenheit.

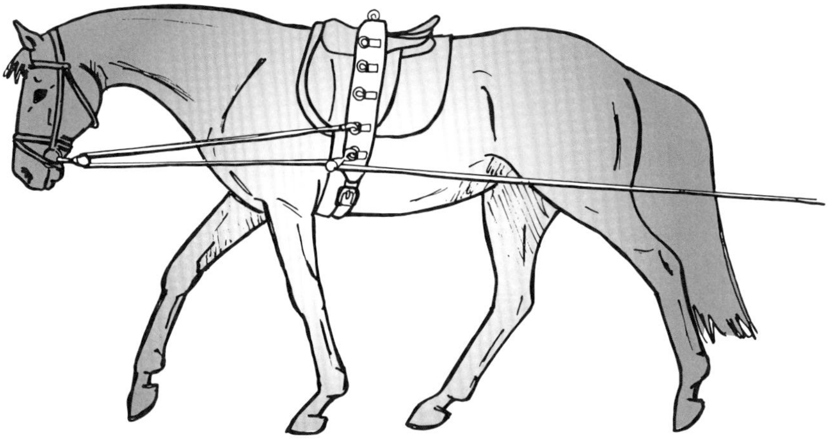

Für diese Befestigungwird die Doppellonge vom Gurt aus kommend zunächst zum Maul und von diesem wieder zurück zum Gurt geführt.

Das Ziel auch dieser Arbeit sollte sein, mit einfacher Longenführung zurechtzukommen.

Ein mittelgroßes Dreieck kann die Selbsthaltung des Pferdes verbessern.

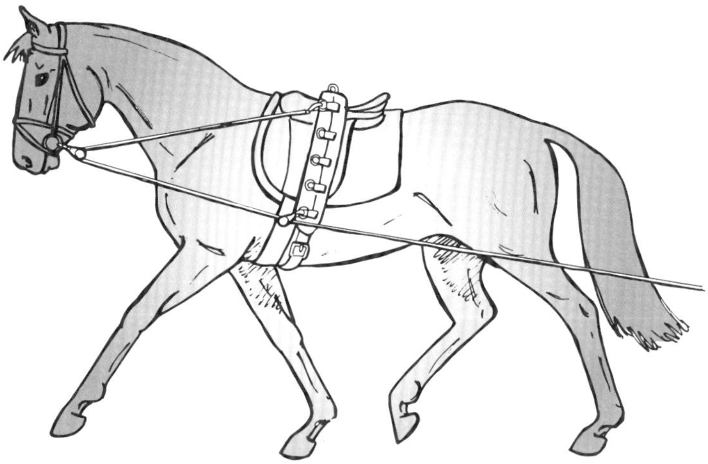

Ein höher angelegtes Dreieck ermöglicht die Aufrichtung, die selbstverständlich relativ sein sollte. Diese Führung ist besonders geeignet bei Pferden, die sich zunächst etwas stark machen. Im Verlauf der Arbeit wird die Anlehnung in der Regel leichter und somit angenehmer für Pferd und Longenführer.

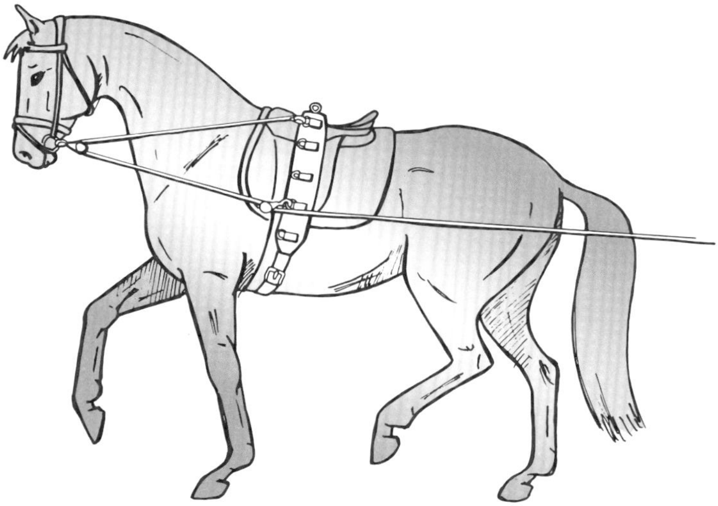

5 Vorbereitung eines jungen Pferdes vor dem ersten Anreiten

Es gibt sicherlich viele bewährte Methoden, junge Pferde anzureiten. Selbst bei größter Sorgfalt ist es jedoch nicht auszuschließen, dass Pferde Angstreaktionen zeigen und beim ersten Aufsitzen buckeln und bocken und den Reiter dadurch in Gefahr bringen.

Eine Methode, die überaus große Vorteile hat, ist es, ein junges Pferd bereits mit der Doppellonge auf das erste Aufsitzen vorzubereiten.

Voraussetzung hierfür ist, dass das junge Pferd mit einfacher Longe sicher einlongiert und mit Sattel und Zäumung vertraut gemacht wurde.

5.1 Vorbereitung zum Anreiten ohne Hilfszügel möglich

Durch den Einsatz der Doppellonge kann man die Schwierigkeiten vermeiden, die häufig beim Longieren von jungen Pferden an der einfachen Longe beim Anbringen von Hilfszügeln auftreten. Oft wehren sich die Pferde gegen jegliche Hilfszügel.

Wenn zum Beispiel bei einem jungen Pferd die Ausbinder zu kurz verpasst werden oder wenn es sich um ein besonders sensibles Pferd handelt, ist es völlig normal, dass sich das Pferd durch die Hilfszügel eingeengt fühlt. Es versucht dann den Kopf hochzunehmen, gerät in Panik, steigt und fällt im schlimmsten Fall nach hinten über.

Ein solches Erlebnis wird mit Sicherheit nicht dazu beitragen, dem jungen Pferd Vertrauen in die Ausbildung zu geben.

An der Doppellonge hingegen wird es dem Pferd gestattet, sich auch mal weiter herauszuheben. Das Herausheben resultiert oft aus dem noch mangelnden Gleichgewicht auf der Zirkellinie.

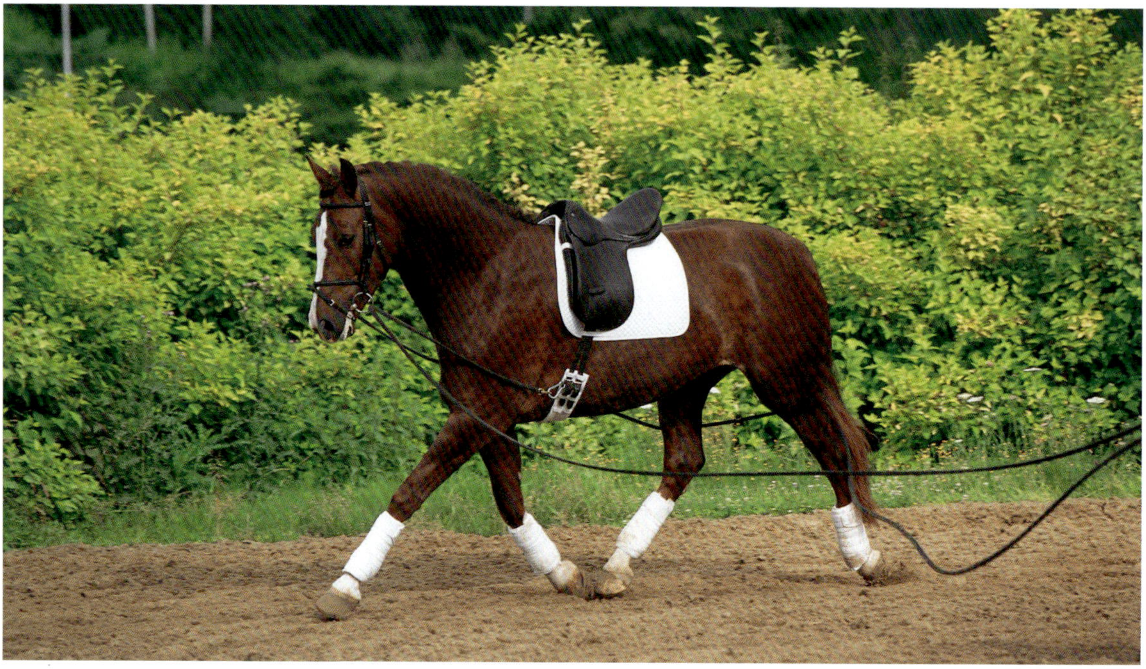

Bei diesem jungen Pferd ist deutlich zu sehen, dass die Longe dem Pferd genügend Freiraum gibt, um sich natürlich zu bewegen.

Durch Nachgeben an den Leinen kann jeder Widerstand vermieden werden. Löst sich das Pferd mehr und mehr und lässt es allmählich den Hals fallen, hat es dann die Möglichkeit, eine weiche elastische Anlehnung herzustellen. Das Arbeiten in Dehnungshaltung wird möglich.

5.2 Vorbereitung in allen drei Grundgangarten

Entsprechend der Veranlagung des Pferdes erreicht man die Dehnunghaltung zunächst nur im Schritt und im Trab. Einige wenige Pferde können sich im Galopp besser ausbalancieren. Eine leichte Außenstellung kann zunächst durchaus toleriert werden.

Hat ein Pferd Probleme, sich im Galopp zu tragen, so gibt sich das in der Regel von alleine, wenn es gelernt hat, sich im Trab loszulassen. Oft bewegen sich die Pferde zunächst eilig und unreguliert im Tempo. Haben sie gelernt, sich auf der gebogenen Linie auszubalancieren, finden sie durch ein regelmäßiges Tempo ihre taktmäßigen Bewegungen wieder.

5.3 Gewöhnung an die Hilfen

Ein in dieser Art mit der Doppellonge vorbereitetes Pferd akzeptiert in der Regel den Reiter auf Anhieb – natürlich muss dennoch mit entsprechender Vorsicht vorgegangen werden:

- Die Zügelhilfen hat das Pferd über die Doppellonge kennengelernt. Es nimmt die Stimme vertrauensvoll als beruhigende und treibende Hilfe an.
- Es hat keine Angst vor der Berührung der Peitsche, die beim Reiten durch eine kurze Gerte ersetzt werden kann.
- Durch die Berührung der Longen in der Schenkellage wird das Pferd auch den Schenkel schneller annehmen.

5.4 Sorgfältige Vorbereitung

Die Vorbereitung zum ersten Aufsitzen kann nicht sorgfältig genug sein, denn hier werden die Grundlagen gelegt, die für die gesamte Ausbildung entscheidend sind. Wenn zum Beispiel zu früh zu scharf angegurtet wird, kann hieraus Sattelzwang entstehen, den das Pferd sein Leben lang nicht verliert.

Wichtig!
Durch langsames Vorgehen gibt man dem Pferd Gelegenheit, das von ihm Verlangte zu verstehen und zwanglos und vertrauensvoll mitzuarbeiten.

Ein besonderer Vorteil der Doppellonge liegt darin, dass das Pferd lernt, sich ohne großen Aufwand unterzuordnen und den Menschen als Ranghöheren zu akzeptieren. Dies ist besonders wichtig bei Pferden mit starker Persönlichkeit, insbesondere bei Hengsten, die naturgemäß versuchen, die Stelle des Ranghöheren einzunehmen. Das zwanglose Unterordnen sollte möglichst früh geschehen und so konsequent durchgeführt werden, dass das Pferd in beständigem Gehorsam bleibt.

5.5 Die Zeit – kein Schema „F"

Wie viel Zeit die Vorbereitung zum Anreiten benötigt, kann nicht pauschal festgelegt werden. Sie ist abhängig von den Voraussetzungen, die ein Pferd mitbringt, dem Temperament, der Veranlagung sowie insbesondere dem Geschick des Ausbilders. Wenn ein Pferd in der Aufzucht sehr viel Kontakt mit dem Menschen gehabt hat und entsprechend vertrauensvoll ist, wird diese Phase relativ kurz sein. Im Normalfall wird die Zeit circa einen Monat betragen.

5.6 Anforderungen an den Ausbilder

Das erste Anlongieren eines Pferdes mit der Doppellonge bedarf einer besonders sorgfältigen Vorgehensweise. Hierbei ist es unerheblich, ob es sich um ein jüngeres oder älteres Pferd handelt. Auch ältere, gut gerittene Pferde bedürfen zunächst der gleichen Sorgfalt wie jüngere Pferde.
Grundsätzlich sollten Pferde, die noch nie mit der Doppellonge gearbeitet wurden, nur von Ausbildern anlongiert werden, die hinsichtlich dieser Arbeitsweise die nötige **Erfahrung** haben.

Es muss immer davon ausgegangen werden, dass Pferde nur lernfähig sind, wenn sie nervlich in Ordnung sind. Wo Angst und Panik herrschen, hört jeder Fortschritt auf. Sicherlich kann man bei der Ausbildung eines Pferdes in gewisser Weise auf seine Intelligenz bauen, aber niemals meinen, das instinktive Verhalten beherrschen zu können.
Es liegt in der Natur des Pferdes, dass es als Fluchttier auf Angst mit Durchgehen reagiert.

Die Kunst des Longenführers liegt darin, die Psyche des jeweiligen Pferdes so gut zu kennen, dass er die Reaktionen des Pferdes vorausahnen kann und die Vorgehensweise hierauf genau abstimmt. Es wäre unnötig, wenn durch unqualifiziertes Anlongieren Unfälle entstehen, und schade, wenn dem Pferd diese Möglichkeit der Ausbildung genommen wird.

6 Erstes Anlongieren des Pferdes

Als besonders schwierig erweist sich oft das erste Anlongieren des Pferdes mit der Doppellonge. Hierbei kommt es für alle Beteiligten darauf an, gefahrlos und kontrolliert das Pferd an die Doppellonge zu gewöhnen und das Vertrauen für diese Arbeit herzustellen.
Ziel der Arbeit mit jungen Pferden in der Gewöhnungsphase ist das Erreichen der ersten drei Punkte der Ausbildungsskala:

- **Takt**
- **Losgelassenheit**
- **Anlehnung**

Bei ausgesprochen gehfreudigen Pferden empfiehlt es sich, die Doppellonge erst anzulegen, nachdem diese Pferde an einer einfachen Longe ablongiert oder geritten worden sind. Durch diese Vorgehensweise ist gewährleistet, dass Stallmut, Vorwärtsdrang und Gehfreude bereits abreagiert werden konnten.

6.1 Geeigneter Longierplatz

Für das Anlongieren mit der Doppellonge ist es besonders günstig, wenn eine **Longierhalle** oder ein sicherer **Longierzirkel** zur Verfügung stehen. Der Longierplatz sollte auf jeden Fall einen rutschfesten Belag haben, da die Pferde auch mal sehr eilig werden können und nicht auszuschließen ist, dass sie einige Zirkelrunden im falschen oder Kreuzgalopp gehen, wodurch die Gefahr des Ausrutschens besteht.

Alternativ kann man sich in der Reithalle oder auf einem umzäunten Außenplatz einen Longierzirkel abstellen, zum Beispiel mit Sprungständern, die mit Stangen oder mit rot-weißem Bauband verbunden werden. In der Halle müssen in jedem Fall die **Türen geschlossen** werden. Außerdem dürfen sich **keine anderen Pferde in der Bahn** befinden.
Selbst bei größter Umsicht und Sorgfalt wird es sich nicht immer verhindern lassen, dass sich das Pferd beim Anlongieren auch mal der Einwirkung des Longenführers entzieht. Bei den sehr schnellen und starken Reaktionen, die Pferde haben, kann es durchaus passieren, dass man die Longe einmal loslassen muss. Wenn sich dann noch weitere Pferde in der Bahn befinden, könnten gefährliche Situationen entstehen.

6.2 Vorgehensweise

Um schwierige Situationen zu vermeiden, sollte man bei den ersten Versuchen besonders vorausschauend vorgehen.

Einweisung des Helfers

Wichtig!
Beim Anlongieren des Pferdes steht die Sicherheit aller Beteiligten an erster Stelle.

Bis das Longieren durchgehend kontrolliert und sicher möglich wird, muss ein Helfer stets anwesend sein. Die Arbeit des Helfers besteht vor allem darin, das Pferd beim Befestigen der Longe festzuhalten, es zu beruhigen und zu loben. Zwischen Longenführer und Helfer muss die Vorgehensweise genau abgesprochen sein, damit brenzlige Situationen nicht entstehen und immer optimal reagiert werden kann.

Beim Anlongieren junger Pferde ist nie ganz auszuschließen, dass man in Situationen gerät, die von einem alleine nur schlecht zu meistern sind. Es kann durchaus passieren, dass ein Pferd auch einmal über die Longe schlägt oder sich plötzlich umdreht und in die Longe einwickelt. Hier muss mit viel Ruhe vorgegangen werden. Der Helfer ist unverzichtbar, er hält das Pferd fest, während der Longenführer die Longe neu ordnet.

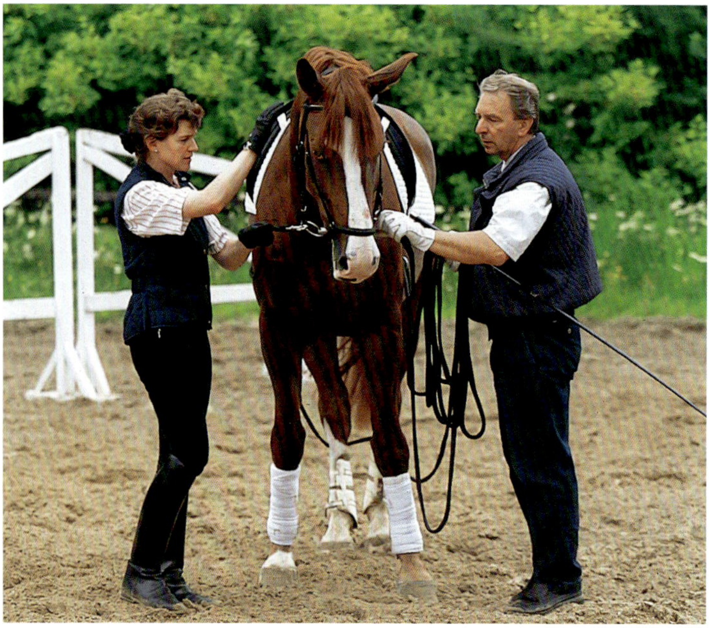

Hier wird das junge Pferd von der Helferin festgehalten, während der Ausbilder die Longe anlegt.

Beinschutz beachten

Grundsätzlich sollten zum Longieren alle Beine des Pferdes geschützt werden. Zum Schutz der Vorderbeine können Gamaschen oder Bandagen verwendet werden.

Wenn ein Pferd hinten beschlagen ist, müssen Bandagen mit Unterlagen angelegt werden. Durch Ausschlagen könnte sich ansonsten das Pferd selbst verletzen. Bei der Verwendung von Gamaschen besteht die Gefahr, dass die Longe an den Verschlüssen der Gamaschen hängen bleibt und die Einwirkung der äußeren Longe behindert.

6.3 Eingewöhnung in drei Lernschritten

Die Erfahrung hat gezeigt, dass man beim Anlongieren und beim Befestigen der Doppellonge in drei Lernschritten vorgehen sollte.

Erster Lernschritt

- Da die meisten Pferde auf der linken Hand problemloser gehen, wird auf dieser Hand mit dem Longieren begonnen.
- Um eine sichere Führung auf der Zirkellinie zu haben, empfiehlt es sich zunächst, die innere Longe vom Trensenring zum Gurt anzulegen. Durch diese Art der Befestigung wird das Pferd ähnlich wie mit der einfachen Longe auf der Zirkellinie geführt.

Wichtig!
Keinesfalls darf die Longe gleich um die Hinterhand geführt werden, da man die Reaktionen des Pferdes nicht unbedingt vorausahnen kann und die Pferde nicht immer ihrem sonstigen Temperament entsprechend reagieren.

- Die äußere Longe wird über den Sattel gelegt und läuft dann vom Gurt zum Trensenring. Die Befestigungshöhe der Leinen muss so tief sein, dass beim Ausschlagen und Buckeln die äußere Longe später nicht nach oben unter den Schweif oder über die Kruppe auf den Rücken rutschen kann.

Longiergurte mit relativ hoch angebrachten Führungsringen, wie man sie oft sieht, sind für das Anlongieren junger Pferde völlig ungeeignet.

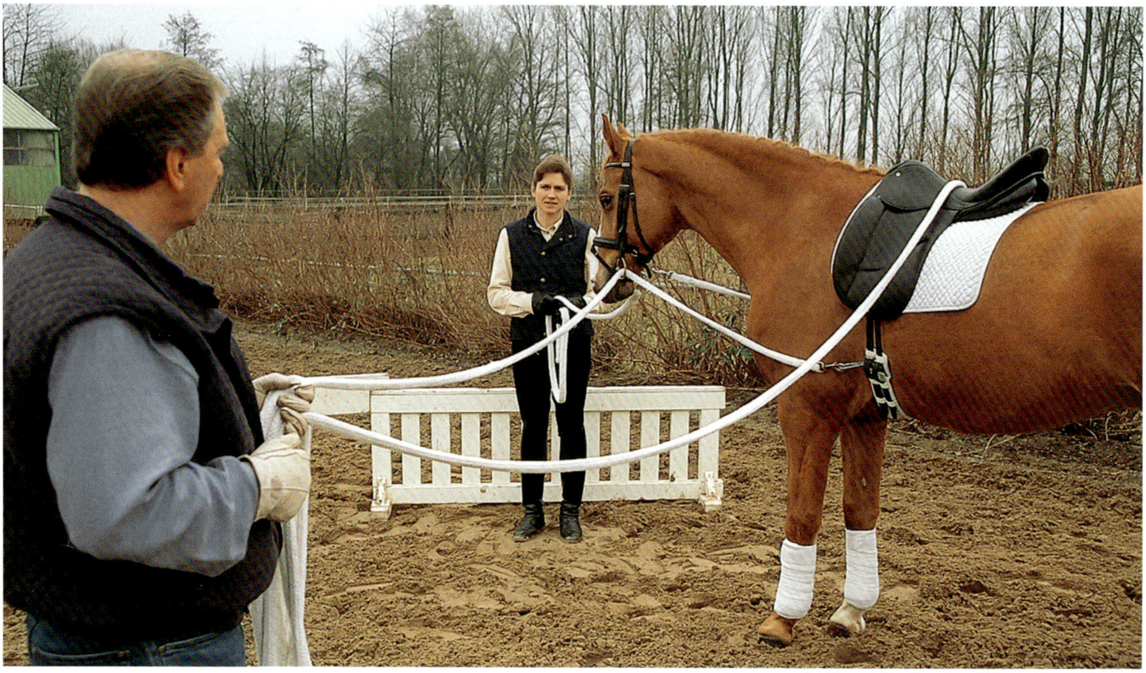

Die Befestigung der inneren Longe im ersten Lernschritt. Der Longierzirkel wurde aus einfachem Hindernismaterial erstellt.

Die Befestigung der äußeren Longe – sie verläuft zunächst über den Sattel.

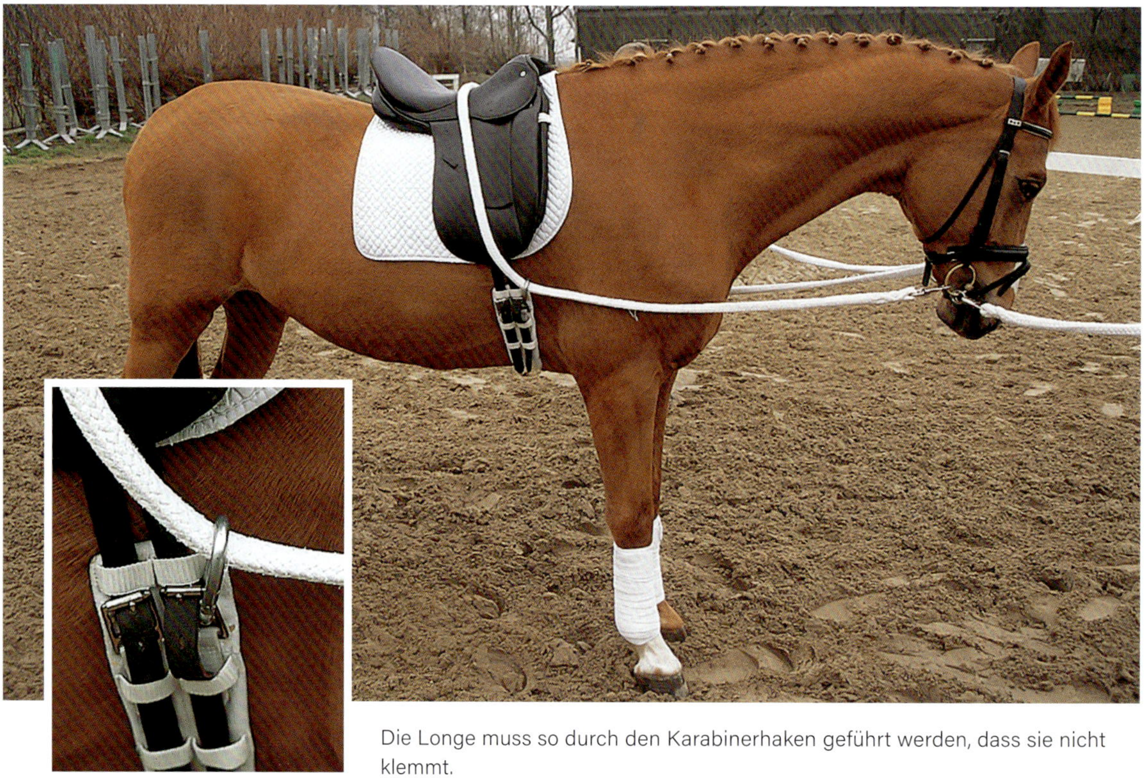

Die Longe muss so durch den Karabinerhaken geführt werden, dass sie nicht klemmt.

Durch die beidseitige Führung ist das Pferd relativ kontrolliert, wenngleich sich sicherlich Vorwärtsdrang, Lebensfreude und auch anfängliche Spannungen zeigen werden. Durch die Führung der inneren Longe bleibt das Pferd sicher auf der Zirkellinie.

Zweiter Lernschritt

Wenn der Longenführer den Eindruck hat, dass er das Pferd sicher kontrollieren kann, wird die Longe vorsichtig um die Hinterhand gelegt. Eine genaue Zeitangabe ist hier nicht zu machen, viele Pferde gestatten dies nach wenigen Minuten, andere benötigen erheblich mehr Zeit.

- Um das Pferd an die Berührung der Doppellonge um die Hinterhand zu gewöhnen, ist das Pferd anzuhalten.

- Der Helfer hält das Pferd fest und beruhigt es, während der Longenführer die rechte Longe vorsichtig auf den Rücken des Pferdes in Richtung Kruppe legt und das Pferd an der Hinterhand abklopft. Während des Abklopfens ist das Pferd genau zu beobachten, um eventuelle Reaktionen vorauszuahnen.

- Beim Herüberführen der Longe muss man mit einer blitzartigen Reaktion rechnen und bereit sein, die Longe, die unbedingt ablaufbereit liegen muss, sofort nach vorn durchgleiten zu lassen.

- Die äußere Longe, die die Spannung des Pferdes verursacht, muss besonders locker gehalten werden.

Die Reaktionen der Pferde können sehr unterschiedlich sein. Viele Pferde nehmen die Doppellonge ohne jegliche Probleme an. Man muss aber immer damit rechnen, dass aus Übermut, Gehfreude und durch die ungewohnte Berührung der äußeren Longe das typische Fluchtverhalten des Pferdes zum Vorschein kommt. Falls es doch einmal vorkommt, dass die äußere Longe unter den Schweif rutscht und vom Pferd eingeklemmt wird, kann nur ein sofortiges Lockerlassen der Longe das Pferd veranlassen, die Longe wieder loszulassen.

Es gibt auch Pferde, die am Anfang dazu neigen, ins Laufen zu kommen. In dieser Phase hat man hierauf wenig Einfluss. Das Pferd muss mit der Stimme beruhigt werden und so von selber zur Ruhe kommen.

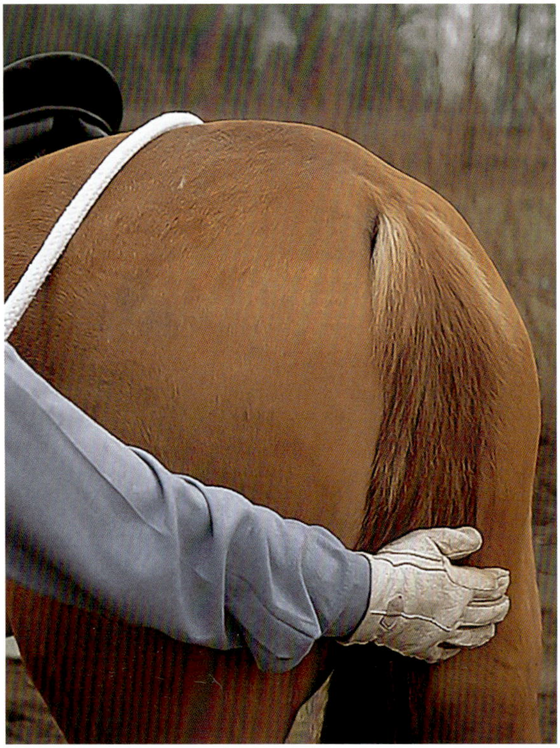

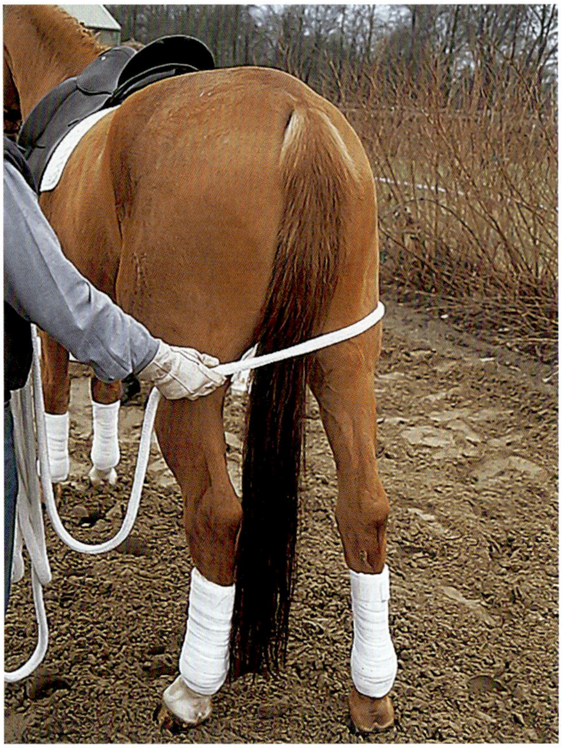

Während des Abklopfens liegt die Longe noch auf der Kruppe.

Die Longe wird vorsichtig um die Hinterhand gelegt.

Das Pferd zeigt eine blitzartige Reaktion beim ersten Anlegen der Longe um die Hinterhand.

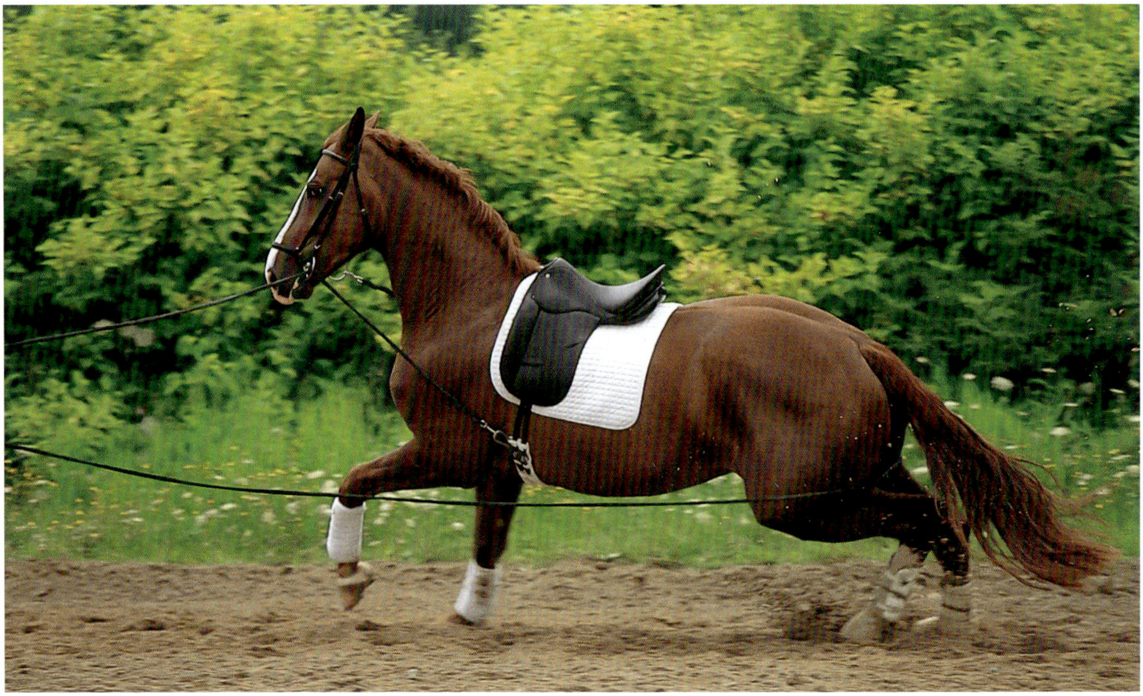

Falsch wäre es, das Pferd mit groben Hilfen durchparieren zu wollen. Man kann als Longenführer nur versuchen, durch leichtes Annehmen und Nachgeben – insbesondere an der inneren Longe – das Pferd im Tempo einzufangen, während die äußere Longe nur sehr vorsichtig angenommen werden darf.
Sie hat zunächst durch die Berührung der Hinterbeine noch eine mehr treibende als verhaltende Wirkung.

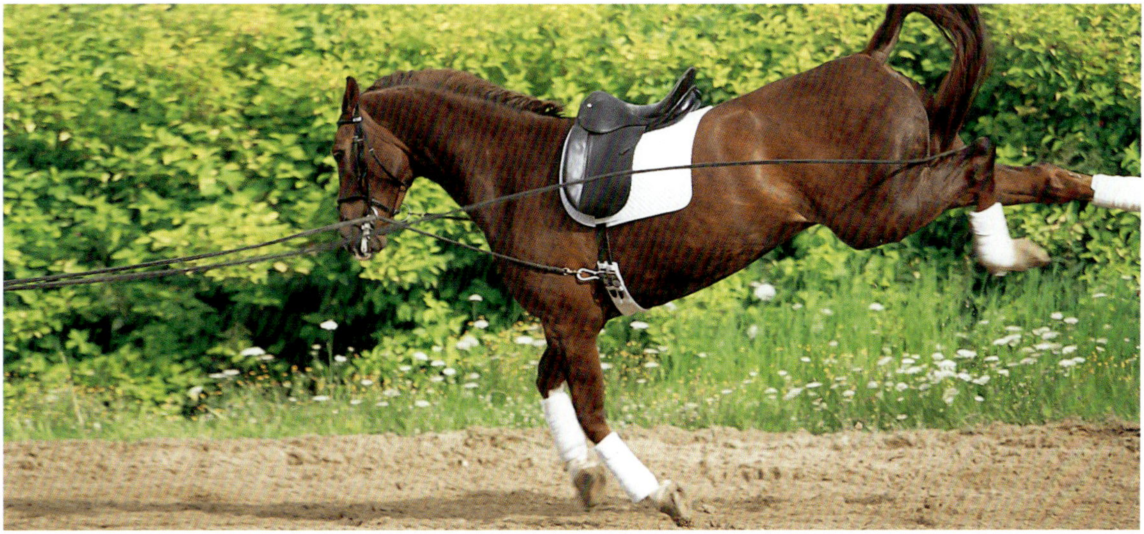

Typische Reaktionen beim ersten Anlongieren

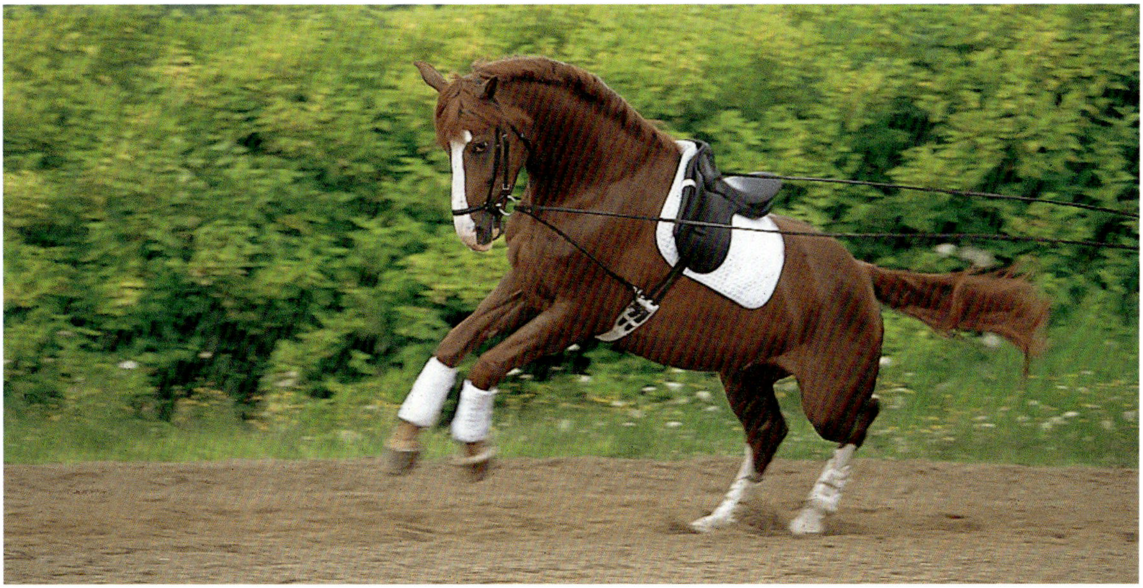

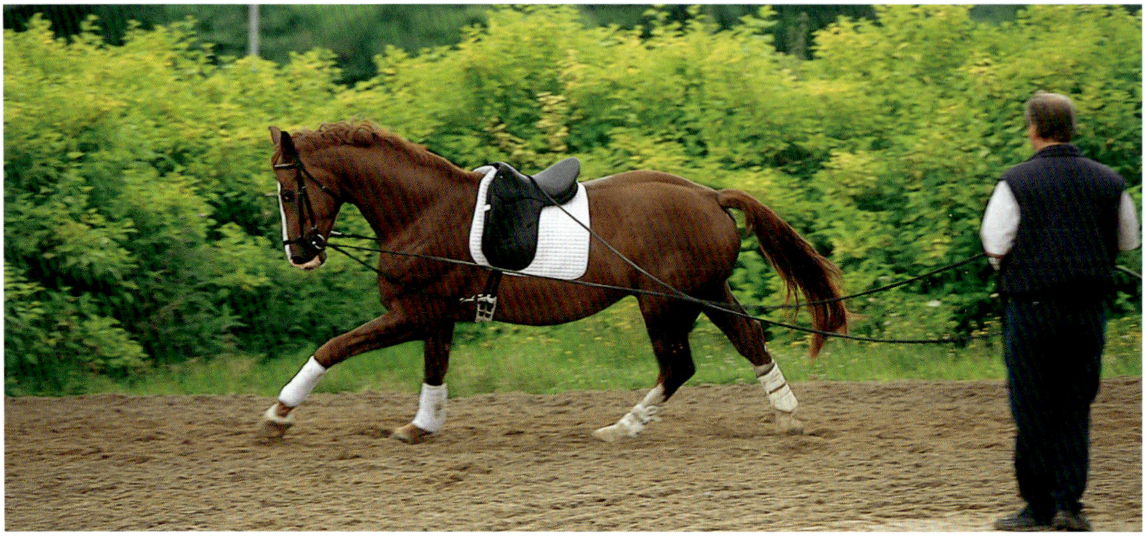

Manche Pferde verhalten sich derart, dass sie nach den typischen Eingewöhnungsreaktionen, zum Beispiel Ausschlagen, beginnen zu klemmen; das heißt, sie reagieren auf die äußere Longe in der Weise, dass sie extrem untertreten und sich verhalten. Hier muss der Longenführer mit der äußeren Longe wieder äußerst vorsichtig sein und dem Pferd die Zeit lassen, sich an die neue Situation zu gewöhnen.

Dritter Lernschritt

Hat der Ausbilder den Eindruck, dass das Pferd sicher zu kontrollieren ist, wird die Longenführung verändert.

- Die innere Longe wird so umgehangen, dass sie ebenfalls, wie die äußere Longe, vom Gurt zum Gebiss verläuft. Damit kommt man zum normalen Longieren.
- Es hat sich bewährt, die etwas ängstlichen Pferde auch einmal nur stehen und von dem Helfer loben zu lassen. Bei dieser Art der Vorgehensweise spannt das Pferd ab und gewinnt Vertrauen.
- Danach sollte das Pferd einige Minuten longiert werden, um ihm Gelegenheit zu geben, sich an die neue Arbeitsweise und Führung der Longe zu gewöhnen. Die Dauer, in der man ein Pferd in dieser Form longiert, hängt vom Verhalten des Pferdes ab. Man muss jedenfalls den Eindruck haben, dass man das Pferd gut führen kann.

- Der Handwechsel kann dann durchgeführt werden, wenn sich das Pferd an die veränderte Longenführung gewöhnt hat und so ruhig ist, dass man es zum Schritt durchparieren kann.

- Bei den ersten Longierversuchen nimmt man zweckmäßigerweise eine kürzere Peitsche. Sie ist erstens einfacher zu handhaben und zweitens wird das Pferd durch die kürzere Peitsche nicht unnötig beunruhigt. Auch bei den ersten Longierversuchen muss die Peitsche griffbereit sein, weil man nie vorher weiß, ob und wie man zum Treiben kommt. Hierzu legt man sich schon vorher die Peitsche in die Zirkelmitte. Selbstverständlich muss man beim Aufnehmen der Peitsche vorsichtig sein und sich außerhalb der Reichweite der Hinterbeine des Pferdes befinden. Am sichersten ist es, sich die Peitsche bei Bedarf vom Helfer anreichen zu lassen. Bei Pferden, die noch Probleme haben, auf der Zirkellinie zu gehen oder auch sehr triebig sind, kann es auch zweckmäßig sein, die Peitsche durch den Helfer einzusetzen.

Auch wenn Pferde den Handwechsel zum ersten Mal machen, entstehen nur selten Probleme, jedoch muss der Longenführer sehr sicher in der Handhabung der Doppellonge sein.

Nach etwa 20 Minuten geht das Pferd bereits recht losgelassen, es könnte sich noch mehr vorwärts-abwärts dehnen. Insgesamt ist dieses Ergebnis des ersten Anlongierens jedoch sehr positiv.

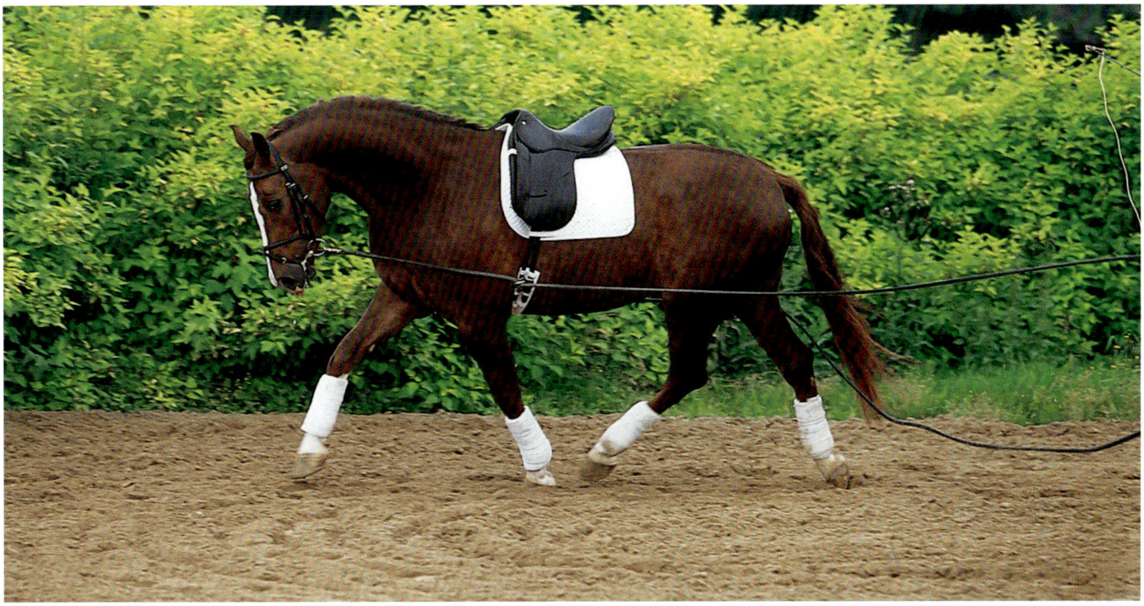

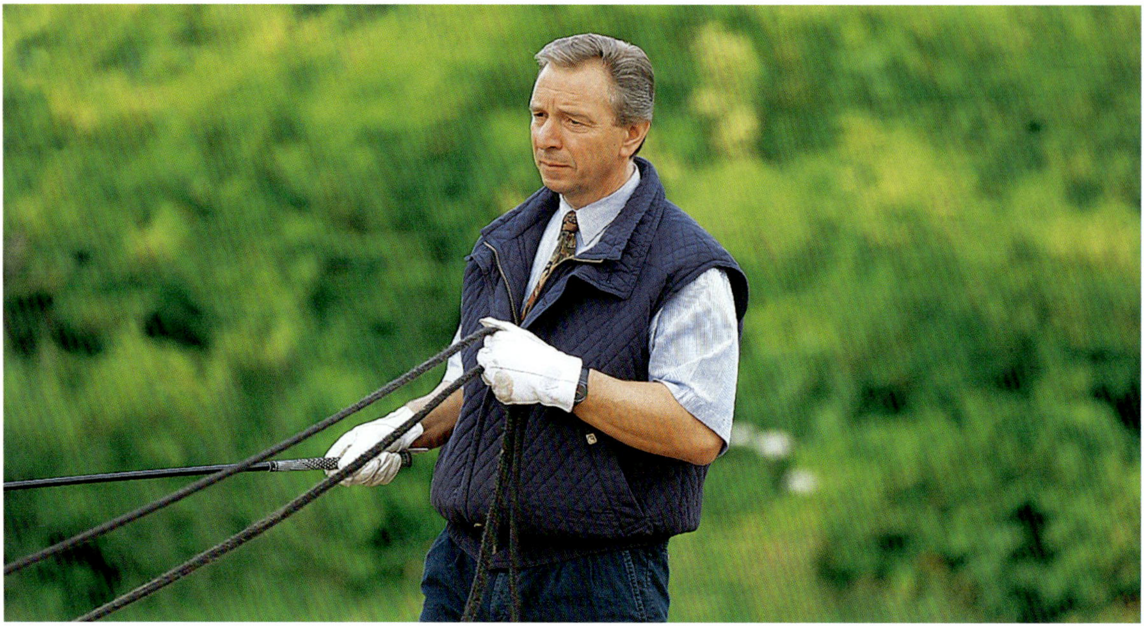

Das Pferd lässt sich so gut auf der Zirkellinie führen, dass die einhändige Longenführung möglich ist.

Erfahrungsgemäß geben sich die Spannungen nach wenigen Runden. Mit der Stimme wird das Pferd beruhigt und das Vertrauen wieder hergestellt.

- Ist das Pferd weitgehend losgelassen und bewegt es sich gleichmäßig auf der Zirkellinie, wird die einhändige Longenführung möglich.

- Wenn sich – nach circa 20 Minuten – das Pferd an die neue Arbeitsweise gewöhnt hat und sich die ersten Anzeichen der Losgelassenheit zeigen, sollte die erste Übung beendet werden.

- Durch abschließendes Loben und eine Belohnung wird das Vertrauen in diese Arbeit gefestigt.

In Ausnahmefällen wird es eventuell notwendig sein, ein besonders sensibles Pferd zuerst mehrere Tage – ohne die Longe um die Hinterhand zu führen – zu longieren.

In den ersten Longenstunden kann man häufig beobachten, dass die Pferde versuchen, sich nach außen zu stellen. Dem braucht zunächst keine besondere Bedeutung beigemessen zu werden.

Durch die Außenstellung kann sich das Pferd in dem zunächst oft etwas erhöhten Tempo besser ausbalancieren.

Das Ziel muss aber sein, eine sichere und korrekte Innenstellung und Längsbiegung zu erreichen, sodass das Pferd im Gleichgewicht auf der gebogenen Linie geht und der innere Hinterfuß zum vermehrten Vortritt in Richtung Schwerpunkt gebracht werden kann. Dies ist nur möglich, wenn man zum Treiben kommt und die Peitsche als nach außen weisende Hilfe in Richtung Schulter einsetzen kann.

Grundsätzlich gehört zum Longieren eine Peitsche. Sie sollte so lang sein, dass das Pferd an jeder beliebigen Stelle und in jeder beliebigen Stärke ohne Aufwand touchiert werden kann. Im fortgeschrittenen Longieren verwendet man am besten eine 7 bis 8 m lange Teleskoppeitsche. Sie liegt leicht in der Hand und ermöglicht dadurch eine genaue Handhabung. Das richtige Gehen des Pferdes und der Gehorsam hängen von der Aktivität der Hinterhand ab. Insofern gehört eine Peitsche im Normalfall immer zum Longieren dazu.

Sie richtig einzusetzen ist eine Kunst, die man nur im Laufe der Jahre beherrschen lernt. Hierzu sollte der Longenführer die Reflexpunkte des Pferdes kennen und die Peitsche individuell je nach Empfindlichkeit des Pferdes anwenden können. Nicht im wüsten Treiben liegt der Erfolg, sondern darin, das Pferd an der gewünschen Stelle im richtigen Augenblick zu berühren, damit es die Peitsche dann auch als Hilfe annimmt.

Wichtig!
Wer in der Handhabung der Doppellonge nicht sicher ist, sollte das erste Anlongieren unbedingt nur einem darin Geübten überlassen.

Das Anlongieren der Pferde mit der Doppellonge erfordert, dass der Longenführer in der Handhabung der Longe viel Sicherheit haben muss, um mit Ruhe und Einfühlungsvermögen auf die Reaktionen der Pferde eingehen zu können.

Je nachdem auf welchem Ausbildungsstand sich das Pferd befindet, wird die Ausbildung individuell fortgesetzt. Handelt es sich um ein junges Pferd, welches sich noch in der Gewöhnungsphase befindet, wird die Grundausbildung im Schritt, Trab und Galopp an der Doppellonge gefestigt. Falsch wäre es, bereits zu diesem Zeitpunkt schwierige Lektionen erarbeiten zu wollen. Hat man hingegen ein älteres Pferd, bei dem die Grundausbildung in Ordnung ist, kann man relativ bald mit der weiterführenden Arbeit beginnen.

7 Weiterführende Arbeit mit der Doppellonge

7.1 Voraussetzungen

Der Einsatz der Doppellonge hat sich auch in der weiterführenden Arbeit überaus bewährt. Nach abgeschlossener Grundausbildung, das heißt, wenn das Pferd gelernt hat, sich im Schritt, Trab und Galopp taktmäßig und spannungsfrei zu bewegen und bereits in einer zwanglosen Selbsthaltung geht, kann mit diesem Ausbildungsabschnitt begonnen werden.

Ein **4- bis 5-jähriges Pferd** wird bei korrektem Ausbildungsgang diese Anforderungen durchaus erfüllen.

Durch geschicktes Longieren hat man die Möglichkeit, sich die Arbeit unter dem Reiter oder im Gespann erheblich zu erleichtern. Durch diese **pferdeschonende** Arbeitsweise kann die **Durchlässigkeit** enorm verbessert werden. Es können Lektionen erarbeitet werden, die dem Pferd zunächst ohne Reitergewicht bedeutend leichter fallen.

Hier muss noch einmal daran erinnert werden, dass die Longenarbeit kein Selbstzweck ist. Das Ziel ist ein möglichst harmonisches Miteinander zwischen Mensch und Pferd, wodurch sowohl im Sport als auch im Freizeitbereich die Leistungsfähigkeit des Pferdes gesteigert wird.

Betrachtet man die Ausbildungsskala – die ersten drei Punkte sind bereits gefestigt – so werden nun

- **Schwung,**
- **Geraderichten,**
- **Versammlung**

erarbeitet.

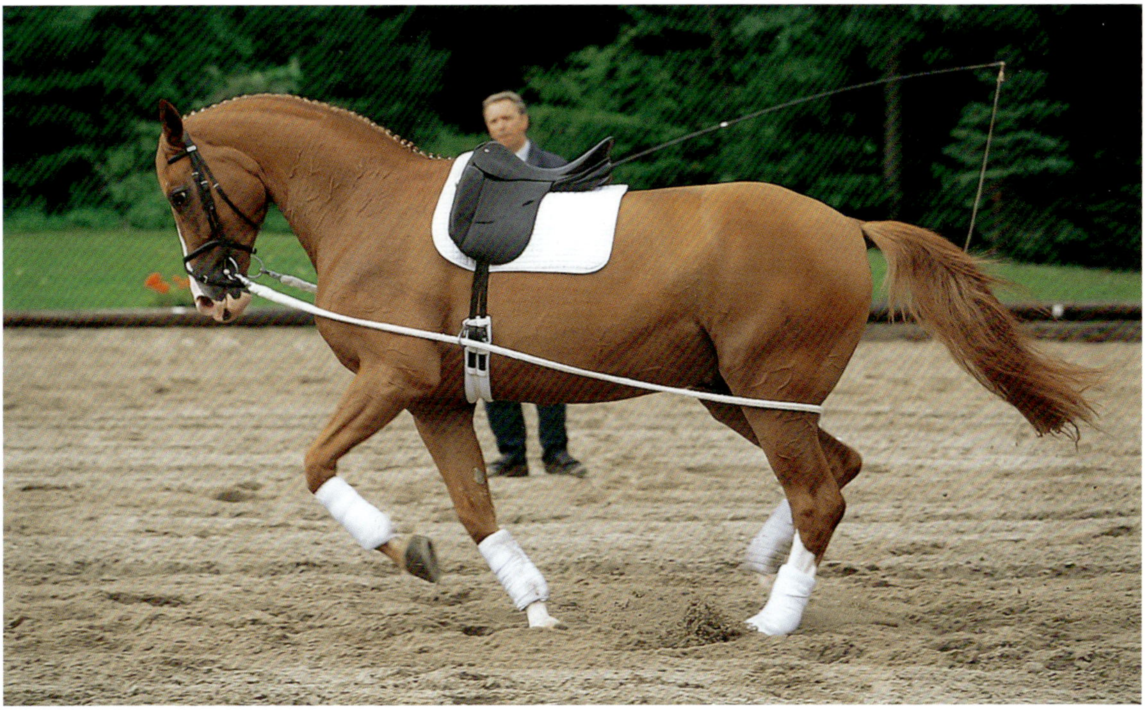

Das Pferd zeigt deutliche Anzeichen von Spannung und muss, bevor die Arbeitsphase beginnen kann, erst noch weiter gelöst werden.

Das Pferd zeigt nun die wesentlichen Merkmale der Losgelassenheit. Die weiterführende Ausbildung kann jetzt erarbeitet werden.

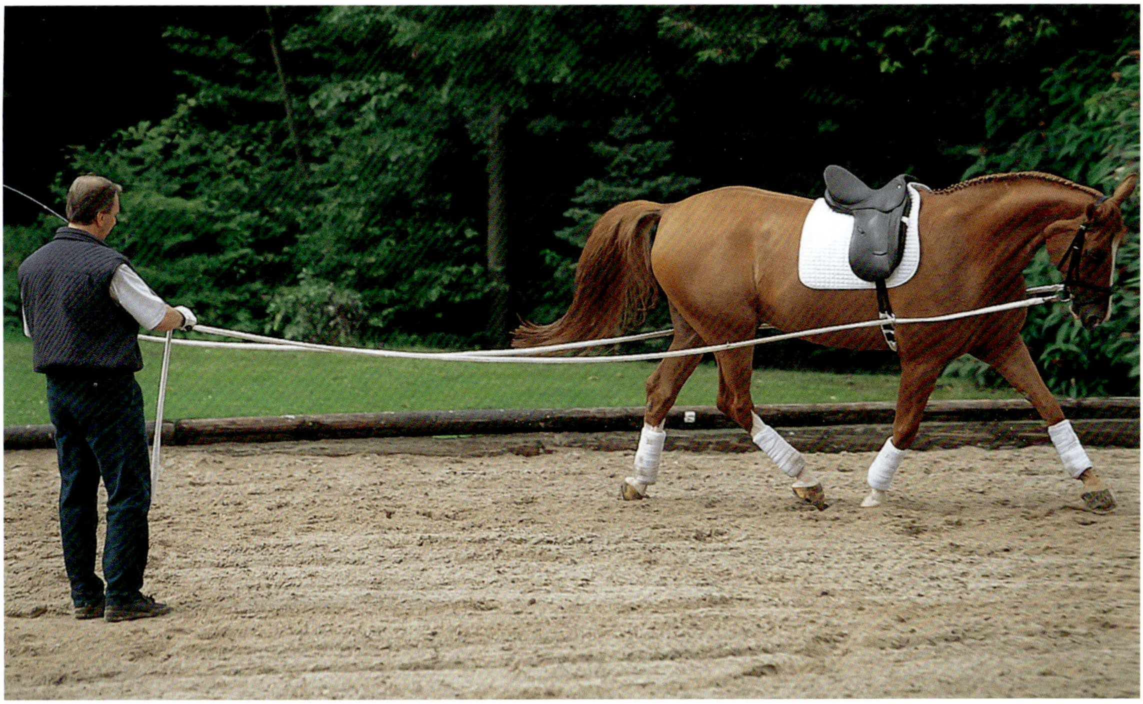

Lösungsphase

Grundsätzlich geht jeder Arbeit die Lösungsphase voraus. Selbstverständlich ist, dass die Lösungsphase individuell dem Pferd angepasst sein muss. Alter, Ausbildungsstand, Gebäude und Temperament haben hierauf entscheidenden Einfluss. Im Folgenden wird die Lösungsarbeit kurz beschrieben, wie sie im Normalfall sein könnte:

- Wie beim Reiten lässt man das Pferd genügend lange im Schritt auf beiden Händen gehen.

- In der Regel wird sich die Trabarbeit anschließen. Der Vorteil der Doppellonge, im Vergleich zu anderen Arten des Longierens, liegt darin, dass man durch Nachgeben die nötige Dehnung im Hals zulassen kann.

- Bewegt sich das Pferd im Trab geregelt und kontrolliert, können Übergänge vom Trab zum Galopp und umgekehrt erarbeitet werden.

- Hierbei sollte man jeweils nach 3 bis 4 Minuten die Hand wechseln. Das flüssige Wechseln der Hand ist ein besonderer Vorteil der Doppellonge, da es sowohl im Schritt wie im Trab durchgeführt werden kann. Die Geschmeidigkeit des Pferdes wird hierdurch verbessert und es besteht somit eine weitere Gymnastizierungsmöglichkeit.

Beim Handwechsel, insbesondere im Trab, muss man in der Lage sein, ausschließlich auf das Gehen des Pferdes zu achten, – die Handhabung der Longe und der Peitsche muss sich im Unterbewusstsein abspielen.

Das Anbringen von Hilfszügeln, das heißt, ein zusätzliches Fixieren ist im Normalfall nicht zu empfehlen, da man die Korrektheit der Anlehnung des Pferdes und die Reaktionen auf die Hilfen sehen und fühlen möchte. Die Anlehnung sollte so leicht sein, dass der Longenführer bald nur noch das Gewicht der Longe in der Hand verspürt. So wie beim Reiten der innere Zügel hat die innere Longe in Verbindung mit der treibenden Peitschenhilfe die Aufgabe, die Innenstellung des Pferdes zu kontrollieren. Die äußere Longe hat eine verwahrende Funktion – sie umschließt die Hinterhand und sorgt damit wesentlich für die Längsbiegung.

Wenn sich das Pferd im Schritt, Trab und Galopp taktmäßig und losgelassen bewegt, den Hals fallen lässt und der Rücken zum Schwingen kommt, kann man mit der Arbeitsphase beginnen.

Wichtig!
Nur wenn sich die typischen Merkmale der Losgelassenheit zeigen, kann die Arbeit Erfolg versprechend fortgesetzt werden.

7.2 Arbeitsphase

Ziel der Arbeitsphase ist die Verbesserung der Durchlässigkeit. Hierzu müssen zunächst die Begriffe Schwung und Geraderichten verbessert werden, um so das Pferd in einen immer sichereren Gehorsam und hierauf aufbauend in einen gewissen Versammlungsgrad zu bringen.

Der Wert der Arbeit auf dem Zirkel besteht unter anderem in der Möglichkeit, durch häufigen Handwechsel ein Pferd auf beiden Händen symmetrisch arbeiten zu können. Dies fördert die Geraderichtung des Pferdes auf der gebogenen Linie. Die Hand, auf der das Pferd die größeren Probleme hat, sollte etwas mehr gearbeitet werden. Das Pferd spurt mit der Hinterhand in Richtung Vorhand, wobei besonders die äußere Longe durch ihre verwahrende Wirkung die Rippen- und Längsbiegung verbessert.

Die Arbeitsphase könnte wie folgt gestaltet werden:

Übergänge

Zunächst werden die Übergänge zwischen den Grundgangarten Schritt, Trab und Galopp verfeinert.

Danach können Tempounterschiede innerhalb der Gangarten Trab und Galopp herauslongiert werden. Hierbei achtet man besonders auf die Gleichmäßigkeit der Trabtritte. Das Zulegen sollte nur über circa eine halbe Zirkelrunde erfolgen; beim Zurückführen ist auf die Selbsthaltung des Pferdes zu achten. Hierzu muss der Longenführer sofort nach dem Parieren mit der Hand wieder nachgeben, leicht werden und nachtreiben.

Im Galopp kann das Zulegen auch über eine volle Zirkelrunde erfolgen. Hierbei sollen sich die Galoppsprünge erweitern und es soll dem Pferd gestattet werden, die Nase vorzunehmen.

Durch das Herauslongieren der Übergänge werden besonders die Aktivität der Hinterhand, das heißt das vermehrte Durchschwingen der Hinterbeine, und die Rückentätigkeit verbessert. Somit wird das Pferd zu einem schwungvolleren Gehen gebracht.

Ganze Paraden

Man beginnt zunächst mit dem Halten aus dem Schritt. Im Halten sollte ein Pferd geradeaus gestellt und geradegerichtet sein. Da man sich auf der Zirkellinie befindet, muss die Leinenführung im Parieren so wirken, dass man dieses dem Pferd weitgehend gestattet. Zum Üben der Lektion pariert man das Pferd an einem bestimmten Punkt mehrmals aus dem Schritt zum Halten durch. Selbstverständlich müssen diese ganzen Paraden, wie beim Reiten, durch mehrere halbe Paraden vorbereitet werden. Das Pferd sollte hierbei lernen, auf zeichenartige Hilfen zu reagieren. Ein so vorbereitetes Pferd wird auch sehr bald die Hilfen zu ganzen Paraden aus dem Trabe durchlassen.

Sichere ganze Parade zum Halten

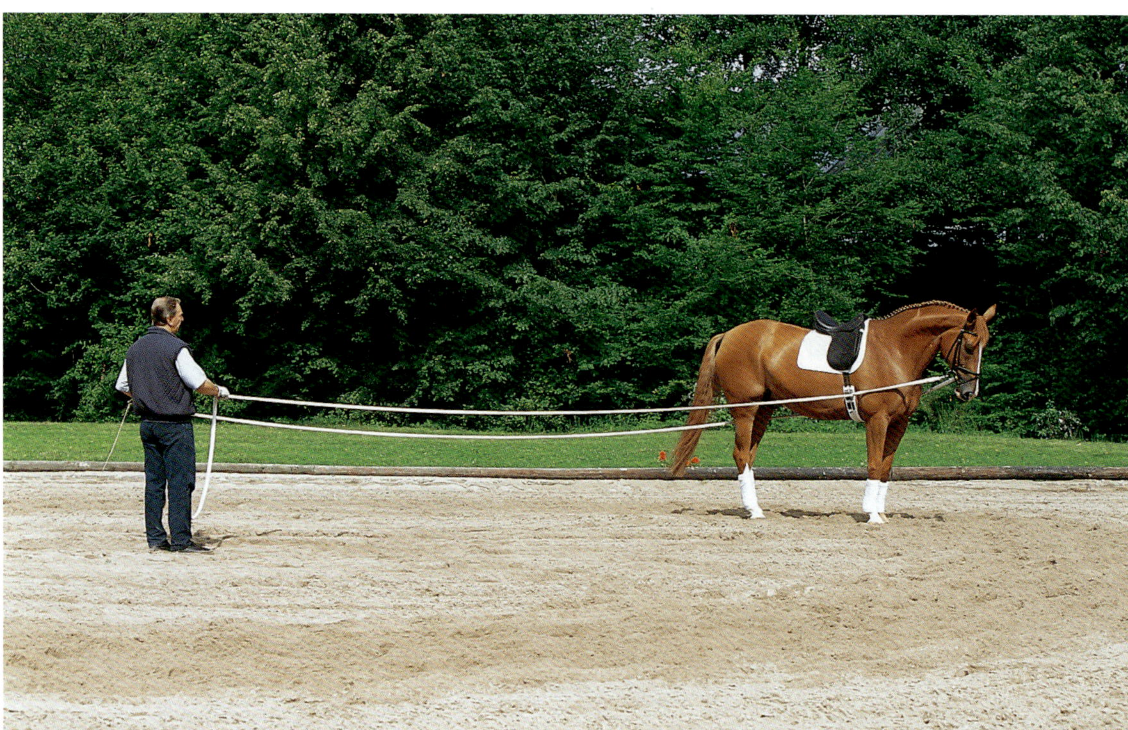

Auch beim Üben der ganzen Paraden aus dem Trab kommen die Hilfen – durch den Wiederholungseffekt – leichter durch, wenn das Halten zunächst am gleichen Punkt geübt wird.

Hat man als Reiter mit seinem Pferd Probleme, zum Halten durchzuparieren, kann man sich vorstellen, dass nach diesen Übungen die Paraden mit weniger Aufwand gelingen. Die Stimme spielt hierbei eine besonders große Rolle. Ein Pferd achtet weniger auf den Wortlaut als auf die Betonung, wobei sich den Pferden auch bestimmte Worte einprägen, zum Beispiel „Halt".

Vorübung für den einfachen Galoppwechsel

Auch die Übergänge Schritt – Galopp und Galopp – Schritt sind, in Vorbereitung für einen einfachen Galoppwechsel, relativ leicht zu üben.
Zunächst wird das Pferd wieder mehrmals an einem bestimmten Punkt aus dem Trab angaloppiert, als Nächstes wird vor diesem Punkt aus dem Trab zum Schritt pariert. Im Normalfall wird das Pferd dann am Punkt aus dem Schritt bei entsprechender Hilfengebung angaloppieren.

Das Angaloppieren sollte aus dem Schritt bergauf erfolgen und die Schrittparade möglichst ohne Zwischentritte durchkommen. Für diese Lektion muss das Pferd jedoch schon sehr gesetzt galoppieren können. Zweckmäßigerweise verkleinert man hierzu den Zirkel, da der innere Hinterfuß auf der engeren gebogenen Linie mehr Last aufnimmt und sich das Pferd dadurch mehr trägt.

Akustische Hilfen

Wenn auch der Reiter nicht mit Stimmhilfen reiten soll, weil das Pferd auf Gewichts-, Schenkel- und Zügelhilfen zu reagieren hat, ist es in der Ausbildung recht hilfreich, die Stimme – wie beim Longieren – als zusätzliche Unterstützung leise einzusetzen.

Pferde haben als Fluchttiere ein ausgesprochen feines Gehör, sie hören Geräusche, die der Mensch kaum wahrnimmt. Das heißt, dass der Stimmaufwand nur sehr leise zu sein braucht.
Benutzt man dann beim Reiten in der Lernphase die gleichen akustischen Signale wie an der Longe – zum Beispiel Doppelschnalzen zum Angaloppieren –, wird das Pferd unter dem Reiter leichter angaloppieren.

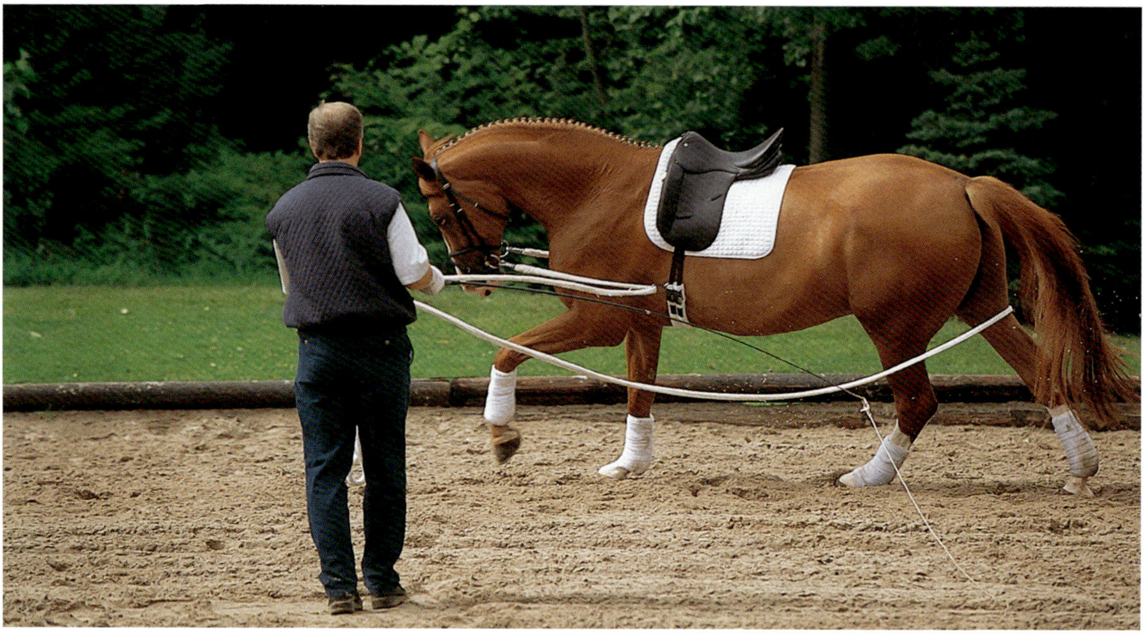

Das Pferd wird zum Abschluss der Lösungsphase etwas eng im Hals und kommt auf die Vorhand.

Höhe der Longenbefestigung – Rollenlonge

Manche Pferde neigen dazu – bei normaler Höhe der Longenbefestigung – nach der Lösungsphase oder bei längerem Gehen zu tief zu kommen, eng im Hals zu werden oder auf der Vorhand zu gehen. Hier ist es notwendig, das Pferd wieder in Selbsthaltung zu bringen. In diesem Fall verwendet man die Longe mit den Rollenbefestigungen. Sie ermöglicht eine individuell auf die Reaktionen des Pferdes abgestimmte höhere Befestigung der Longen (siehe auch Kapitel Ausrüstung).

Durch die Rollen werden die Longen problemlos umgelenkt. Der Reibungswiderstand an den Befestigungsringen wird durch diese Technik deutlich verringert. Würde man versuchen, die Longen ohne Rollen umzulenken, bewirkte der Reibungswiderstand ein Engwerden der Pferde im Hals.

Der Reibungswiderstand und auch das Gewicht der Longen haben einen relativ großen Einfluss auf die Anlehnung. Pferde, die sehr leicht im Hals sind und dazu neigen, eng zu werden, sollten mit einer leichten Longe mit Rollenbefestigung longiert werden. Durch den ansonsten zu hohen Reibungswiderstand kommt das

Nachgeben an der Longe zu spät oder gar nicht am Pferdemaul an. Das hat zur Folge, dass das Pferd zusammengezogen und auf der Vorhand geht. Dies muss sofort erkannt und abgestellt werden.

In der Versammlung ist es notwendig, das Pferd nach oben ins Genick stellen zu können. Dabei soll das Pferd in relativer Aufrichtung gehen. Um dieses zu erreichen, wird ebenfalls die Longe mit den Rollenbefestigungen verwendet. Durch die höhere Führung der Longen wird dem Pferd die Möglichkeit gegeben, sich höher aufzurichten.
Hierbei muss dosiert, aber doch bestimmt getrieben werden, damit die Aufrichtung relativ bleibt.

Der Ausbilder formt sein Pferd

Wichtig!
Niemals darf ein Pferd in absoluter Aufrichtung, mit weggedrücktem Rücken und angespannter Unterhalsmuskulatur gehen.

Diese Arbeitsphase bedeutet für das Pferd eine größere Anstrengung und darf nicht zu lange ausgedehnt werden. Wie auch beim Reiten, muss sich das Pferd entsprechend muskulär entwickeln, um die nötige Kraft für diese Art von Arbeit zu haben.
Es ist interessant zu beobachten, dass Pferde, die zunächst fälschlicherweise eine stark ausgeprägte Unterhalsmukulatur haben und auch sonst schlecht bemuskelt sind, bei kontinuierlicher richtiger Doppellongenarbeit sich muskulär ausgesprochen positiv entwickeln. Durch die bessere Rückentätigkeit ist ebenfalls zu beobachten, dass Pferde, die vorher einen eher eiligen Bewegungsablauf hatten, sich zunehmend elastischer bewegen und die Bewegungen wieder ruhiger, größer und ausdrucksvoller werden.

Keine Probleme im Schritt aufkommen lassen

Wenn auch im Trab und Galopp in der Arbeitsphase, zum Beispiel bei der Arbeit in Versammlung, die Longe höher befestigt ist, so kann dies im Schritt zu Spannungen und Fehlern in der Fußfolge führen.

Da der Schritt des Pferdes bezüglich auf Störungen besonders anfällig ist, muss auf ein spannungsfreies, taktmäßiges Schreiten geachtet werden. Für den Fall, dass ein Pferd bei höherer Einstellung den Rücken wegdrückt, besteht die Gefahr von Taktstörungen bis hin zur passartigen Fußfolge. Dies ist aber sofort abzustellen,

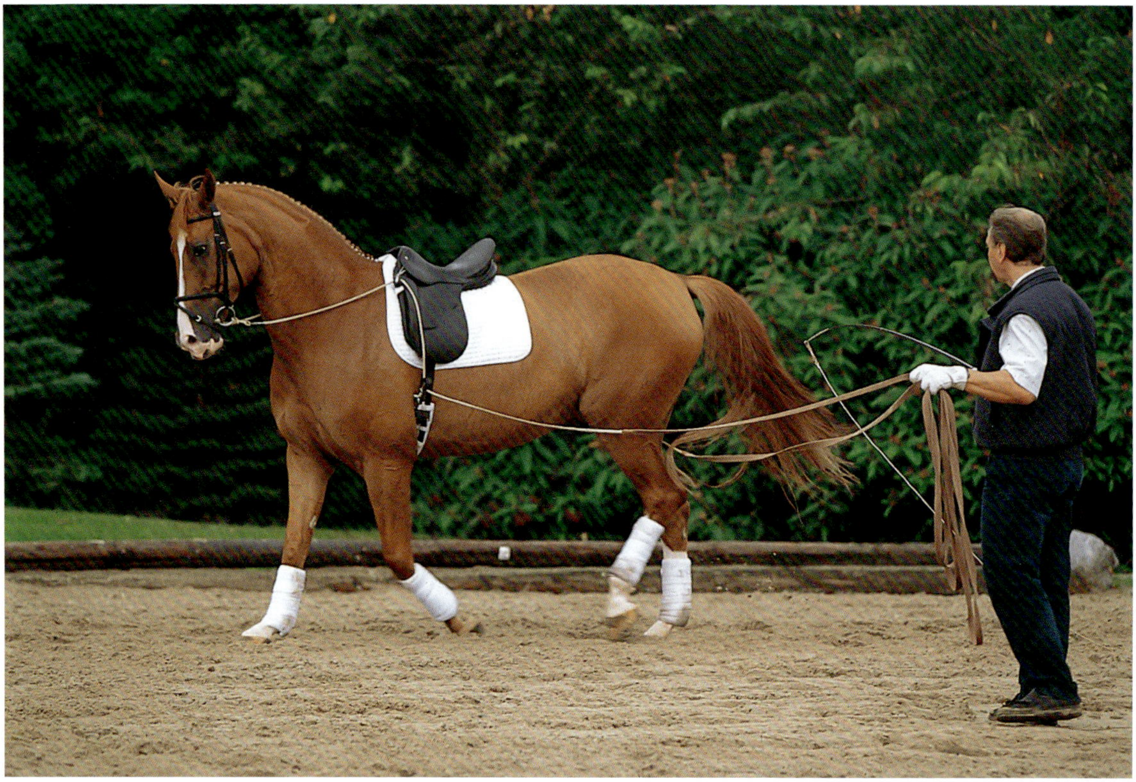

Gespannter, fehlerhafter Schritt, der durch eine tiefere Führung der Longen sofort verbessert werden muss.

indem man die Longe wieder weiter unten befestigt und dem Pferd die notwendige Dehnung im Hals gestattet.

Im Normalfall ist deshalb eine tiefere Einstellung zu bevorzugen, sodass das Pferd in Dehnungshaltung zu einem raumgreifenderen Schreiten kommen kann.

Lernkontrolle unter dem Reiter

Wichtig!
Die beste Kontrolle über den Erfolg der Arbeit ist das unmittelbar im Anschluss an das Longieren erfolgende Reiten oder Fahren.

Reitet oder fährt man direkt im Anschluss an die Arbeit mit der Doppellonge, kann man feststellen, ob die Reaktionen und Verhaltensweisen, die man von unten beobachtet hat, auch unter dem Reiter oder im Gespann umgesetzt werden können.
In der Regel wird man ein erheblich besseres Gefühl haben als ohne diese Vorbereitung und die vorher

geübten Lektionen werden sicherlich mit weniger Aufwand gelingen. Stellt sich dieser Erfolg nicht ein, wird man kritisch prüfen müssen, ob man mit der nötigen Systematik und der richtigen Handhabung vorgegangen ist.

Man darf von der Arbeit mit der Doppellonge keine Wunder erwarten. Die Arbeit mit ihr ist lediglich eine wertvolle Unterstützung bei der Ausbildung des Pferdes. Ausgebildet werden die Pferde letztendlich unter dem Reiter.

Wenn man mit seinem Pferd insgesamt weiterkommen möchte, bedarf das eigene reiterliche Können einer ständigen kritischen Überprüfung. Ein noch so korrekt longiertes Pferd kann die reiterliche Einwirkung nicht ersetzen!

Auch der Faktor Zeit spielt für den Erfolg eine große Rolle. Oft wird die Geduld des Longenführers, genauso wie bei anderen Ausbildungsmethoden, auf die Probe gestellt. Hat man einen Ausbildungsweg als richtig erkannt, muss man ihn jedoch auch konsequent verfolgen. Die Erfahrung hat gezeigt, dass sich Geduld im Erfolg widerspiegelt.

7.3 Auslauf- und Beruhigungsphase

Soll das Pferd nach dem Longieren nicht mehr geritten werden, kommt man zur abschließenden Auslauf- und Beruhigungsphase. Hierbei achtet man auf eine besonders lange und tiefe Einstellung, sodass das Pferd in jeder Weise abspannt und mit einem positiven Abschluss gute Voraussetzungen für die Arbeit am nächsten Tag geschaffen werden.

7.4 Vorübungen für die Arbeit am langen Zügel

Sind die Begriffe Takt, Losgelassenheit und Anlehnung gefestigt, kann auch mit den ersten Vorübungen der Arbeit am langen Zügel begonnen werden.
Sinn der Arbeit am langen Zügel ist die Verbesserung von Schwung, Geraderichtung sowie die Hinführung zur vermehrten Versammlung. Hierdurch werden Durchlässigkeit und Gehorsam entscheidend verbessert.

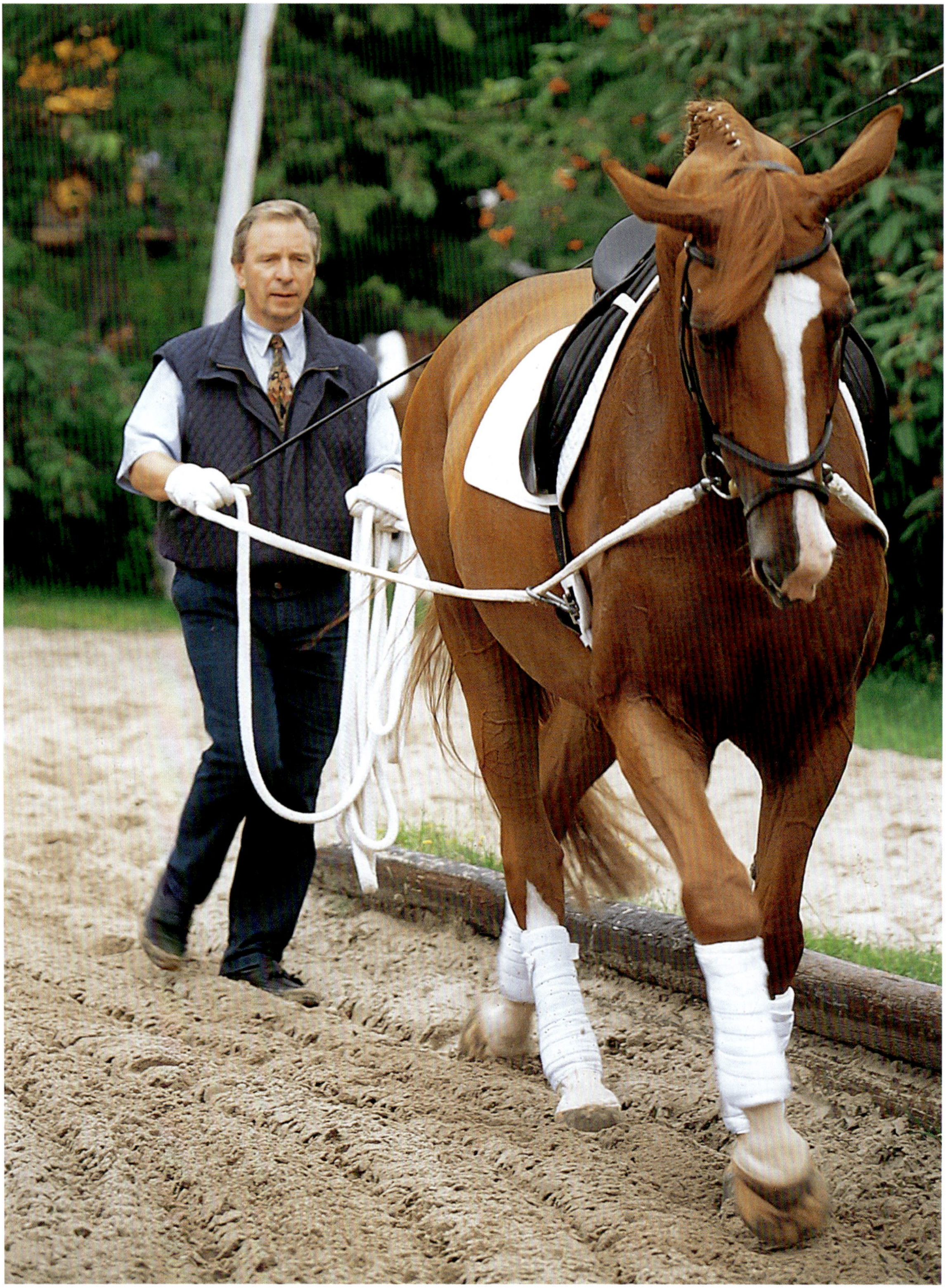

Vorübungen für die Arbeit am langen Zügel, zwangloses Hinterhergehen

Übergang vom Longieren zur Arbeit am langen Zügel

- Um die Voraussetzungen für die Arbeit am langen Zügel zu schaffen, wird das Pferd normal gelöst.
- Danach wird die Longe in nicht zu großen Schlaufen aufgenommen, sodass keine Gefahr besteht, in die Schlaufen zu treten und hängen zu bleiben.
- Die Longierpeitsche wird durch die **Handarbeitsgerte** ersetzt. Als Handarbeitsgerte empfiehlt sich zunächst eine circa 2,20 Meter lange Bogenpeitsche, wie sie beim Fahren Verwendung findet.
- Es hat sich bewährt, dem Pferd im Stand die Gerte zu zeigen und es vorsichtig mit ihr zu berühren. Hierdurch gewinnt es Vertrauen und der Longenführer bekommt einen Eindruck über die Sensibilität des Pferdes.
- Zur Arbeit am langen Zügel geht der Longenführer mit dem entsprechenden **Sicherheitsabstand** von circa 2 Meter hinter dem Pferd her.

Der Longenführer geht mit einem Sicherheitsabstand von circa 2 Meter hinter dem Pferd her. Das Pferd steht sicher an den Hilfen.

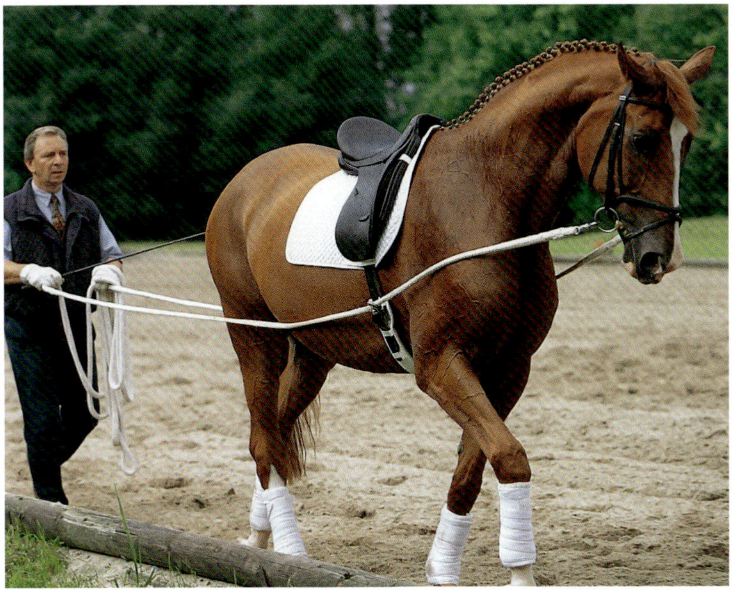

Zweckmäßige Longen- und Peitschenhaltung zur Arbeit am langen Zügel

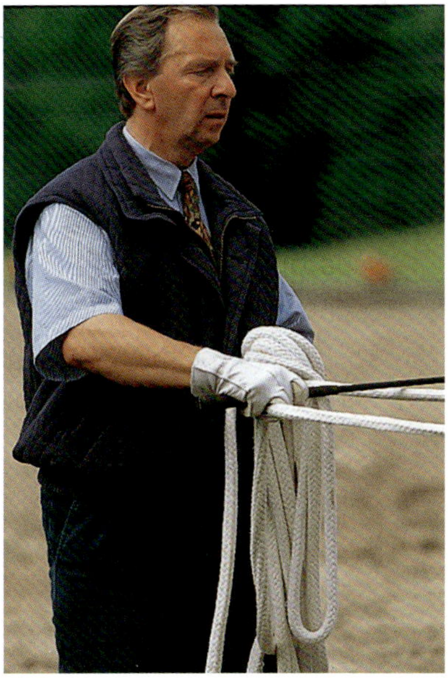

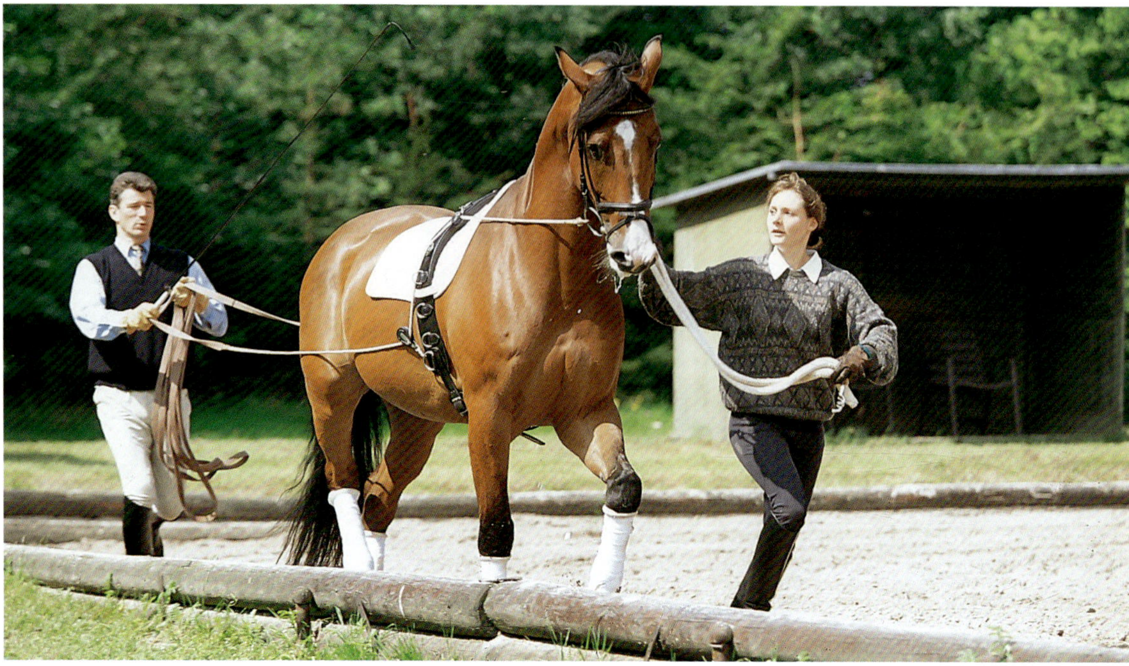

Mithilfe einer Helferin wird das Pferd angeführt, damit es auf dem Hufschlag bleibt und mit dieser Arbeitsweise vertraut gemacht wird.

- Zunächst empfiehlt es sich, das Pferd von einem **Helfer** auf dem Hufschlag anführen zu lassen. Da man sich im toten Blickwinkel des Pferdes befindet, entsteht mitunter eine gewisse Unruhe, die aber durch ruhiges und besonnenes Vorgehen schnell abgebaut werden kann.
- Als Erstes werden Übergänge zwischen **Schritt** und **Halten** geübt. Im Halten wird das Pferd vom Helfer gelobt. Soweit es machbar ist, achtet man jetzt schon auf eine geschlossene Aufstellung.
- Im nächsten Abschnitt können **kurze Trabreprisen** von einigen Tritten mit einbezogen werden.

7.5 Übungen, die das Pferd an die Hilfen stellen

Ist das Pferd mit dieser Arbeitsweise vertraut, wird es auch ohne Helfer auf dem Hufschlag bleiben. Die gleichen Übungen werden dann ohne Helfer fortgeführt.

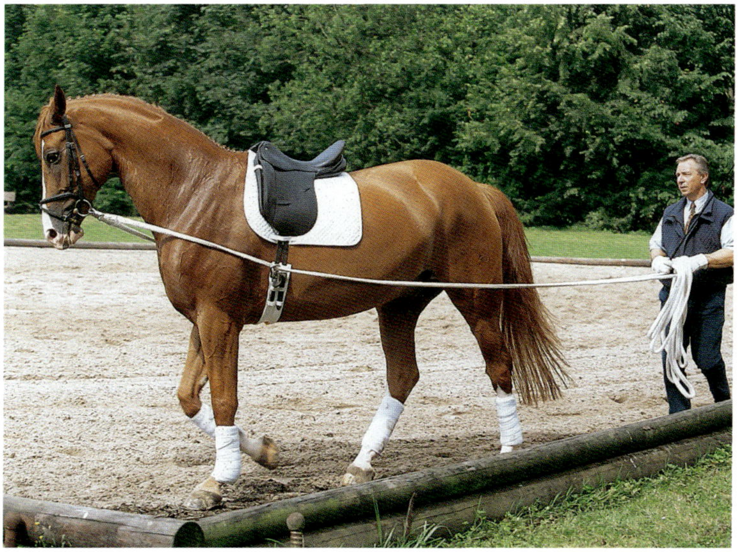

Das Pferd geht mit korrekter Stellung und Biegung durch die Ecke.

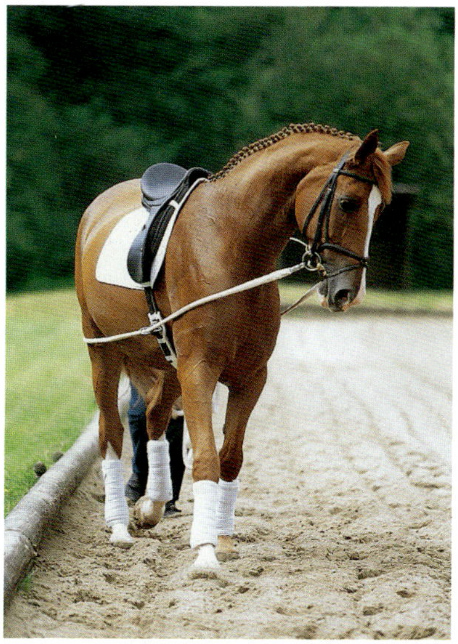

Abwenden zur Volte, in vorbildlicher Längsbiegung

Die sichere Beherrschung des Pferdes ist eine entscheidende Voraussetzung für die Arbeit am langen Zügel. Es darf kein Problem sein, im Hinterhergehen einfache Hufschlagfiguren, korrektes Durchgehen der Ecken, Volten und Kehrtvolten auszuführen.

Immer wieder ist zu beobachten, dass die Pferde auf einer Hand versuchen vom Hufschlag abzuweichen und in die Bahn zu kommen. Dies ist ein Zeichen von Spannung. Die Spannung kann mehrere Ursachen haben. Oft entsteht sie, wenn der Longenführer nicht durch fleißiges Mitgehen dem Pferd den natürlichen Vorwärtsdrang gestattet. Die Spannung kann auch durch die ungewohnte Art der Arbeit entstehen und gibt sich in der weiteren Ausbildung in der Regel von alleine. Erneutes Anführen und gründlicheres Lösen können hier Abhilfe schaffen.
Ebenso wie beim Longieren kommt es für den Erfolg der Arbeit am langen Zügel auf das richtige Zusammenwirken der Hilfen an. Bei fortschreitender Arbeit kommt man immer mehr zur Feinabstimmung der Hilfen.

Touchierpunkte

Es ist wichtig, das Verhalten des Pferdes auf die Handarbeitsgerte genau zu kennen. Hierbei können die verschiedenen Pferde auch durchaus sehr unterschiedliche Reaktionen zeigen.

Im oberen Bereich – **ab Kniegelenk aufwärts** – hat die Gerte in der Regel eine mehr **vorwärtstreibende Wirkung**, im **unteren Bereich** bringt sie den Hinterfuß zum vermehrten Vortritt.

Seitlich angelegt, wirkt die Gerte vorwärts-seitwärts, seitwärtstreibend beziehungsweise verwahrend.

Typische Reflexpunkte, die das Pferd veranlassen, das Hinterbein anzuheben beziehungsweise mehr in Richtung Schwerpunkt zu bringen, befinden sich

- **an der Fessel**,
- **am hinteren Röhrbein unterhalb des Sprunggelenkes** (oberflächliche Beugesehne),
- **oberhalb des Sprunggelenkes** (Achillessehne),
- **auf der Kruppe** – das Touchieren kann zum vermehrten Untertreten führen, aber auch zu einem Wippen nach oben.

Als aufmerksamer Beobachter stellt man viele Reaktionen fest, die man auch als Reiter umsetzen kann.

Touchierpunkte (siehe „Longieren, Richtlinien für Reiten und Fahren, Band 6", S. 175)

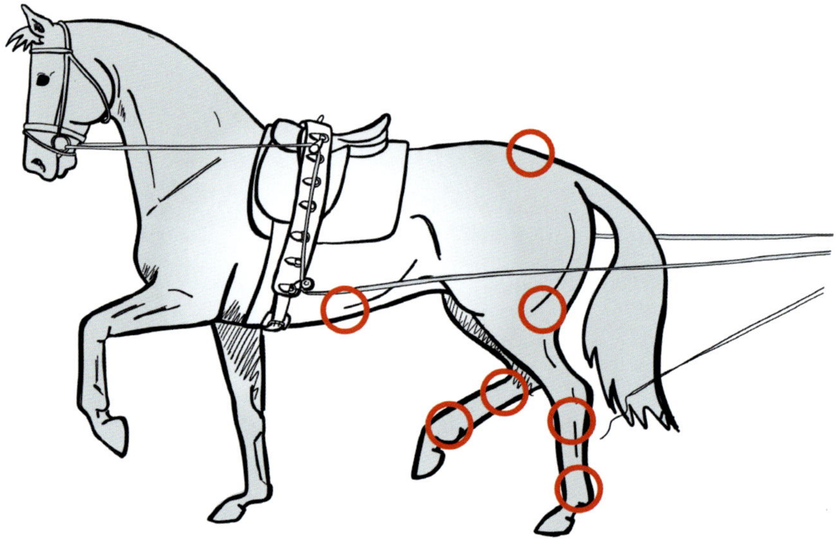

Schenkelweichen

Um den Gehorsam auf die vorwärts-seitwärtstreibenden Hilfen zu verbessern, können an der Doppellonge mit dem Pferd in hervorragender Weise **schenkelweichartige Übungen** erarbeiten werden.

Der Schenkel wird in seiner vorwärts-seitwärtstreibenden und verwahrenden Funktion durch die Gerte ersetzt.

Im Schenkelweichen links wird die vorwärts-seitwärtstreibende Gertenhilfe auf der linken Seite des Pferdes und die verwahrende Gertenhilfe auf der rechten Seite angelegt.

Die Peitschen- und Longenhilfen müssen so zusammenwirken, dass sich das Pferd in einem Winkel von knapp 45 Grad flüssig vorwärts-seitwärts bewegt.

Williges Schenkelweichen links, der Longenführer befindet sich so hinter dem Pferd, dass er die Peitsche auf beiden Seiten des Pferdes als Hilfe einsetzen kann.

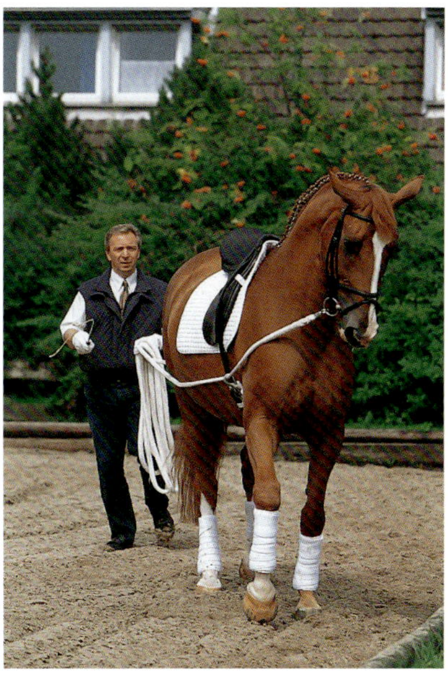

Um im Schenkelweichen rechts die Abstellung zum Hufschlag zu verbessern, wird das Pferd auf der rechten Seite im Augenblick des Abfußens mit der Handarbeitsgerte touchiert und somit vorwärts-seitwärts getrieben. Bei dem ersten Versuch zeigt sich hier noch ein leichtes Verwerfen im Genick und ein Engwerden im Hals.

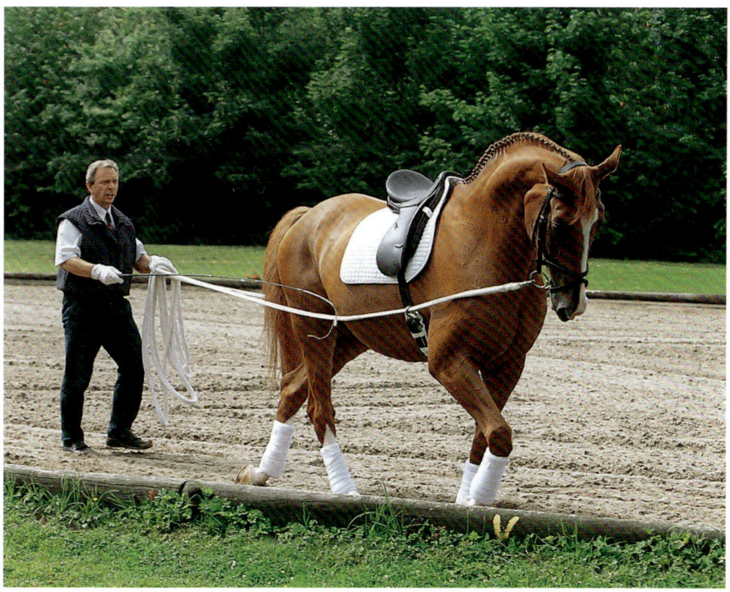

Zur Einleitung dieser Übung wird das Pferd zum Beispiel aus einer Ecke heraus in dem Winkel zum Hufschlag geführt, den man zum Schenkelweichen benötigt.

Hat ein Reiter Probleme, mit den vorwärts-seitwärtstreibenden Hilfen durchzukommen, so ist dies eine geeignete Übung, den Schenkelgehorsam zu verbessern.

Handwechsel

Zum Handwechsel bietet sich je nach Ausbildungsstand des Pferdes eine **Kehrtvolte** beziehungsweise eine **größere Kurzkehrtwendung** an.

Zur Durchführung einer Kurzkehrtwendung muss jedoch schon ein großes Vertrauensverhältnis zwischen Longenführer und Pferd bestehen. Sie ist relativ leicht zu erarbeiten, indem man eine Kehrtvolte systematisch verkleinert; mit dem Unterschied, dass Stellung und Biegung in Bewegungsrichtung bis zum Schluss durchgehalten werden. Hierbei ist insbesondere auf ein fleißiges Mittreten der Hinterhand und einen taktmäßigen Bewegungsablauf zu achten.
Sobald das Schenkelweichen gefestigt ist, kann in der fortgeschrittenen Ausbildung mit der Lektion Schulterherein begonnen werden.

Schulterherein

Im Schulterherein bewegt sich das Pferd mit der Längsbiegung einer Volte auf dem Hufschlag vorwärts-seitwärts, wobei der Longenführer – indem er hinterhergeht – die korrekte Abstellung genau beobachten kann. Das äußere Vorderbein und das innere Hinterbein sollten auf einer Linie spuren.

Schulterherein ist in der fortgeschrittenen Reitausbildung eine Lektion mit besonderem Wert. Verbessert werden hierdurch:

- Losgelassenheit des Pferdes
- Schulterfreiheit
- Selbsthaltung
- Geraderichtung
- Versammlung und
- Durchlässigkeit

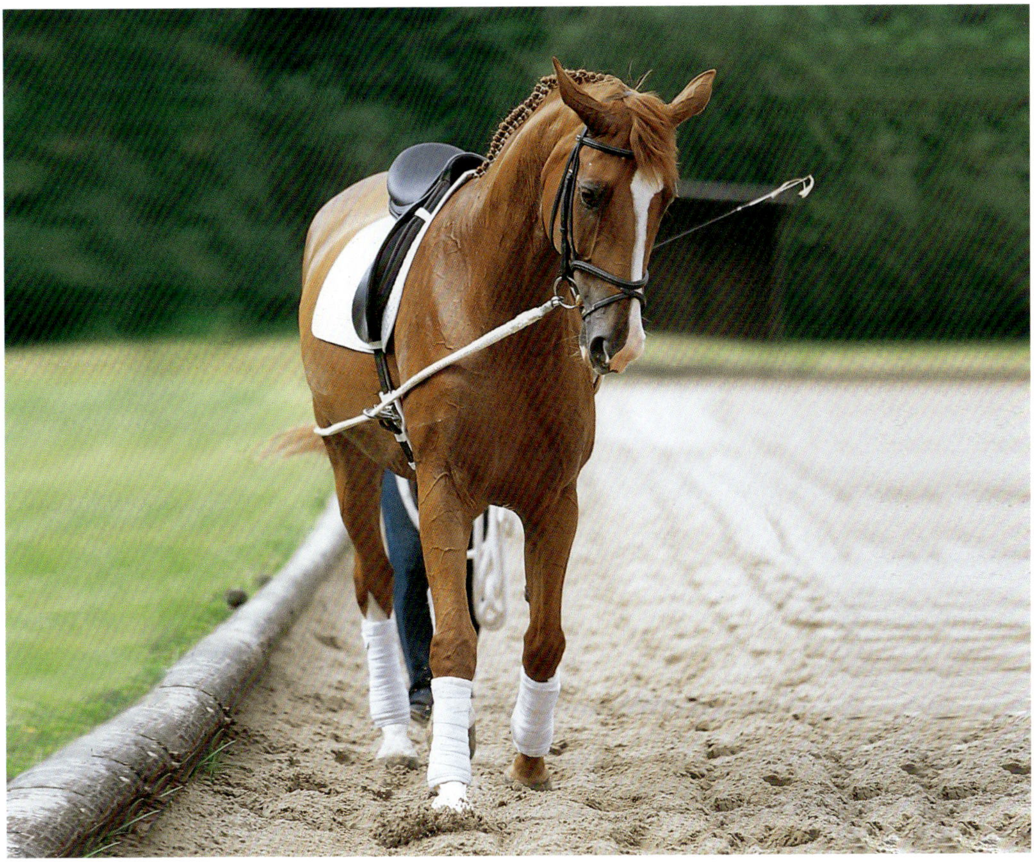

Schulterherein in vorbildlicher Stellung und Biegung. Deutlich zu sehen ist, dass das innere Hinterbein und das äußere Vorderbein auf einer Linie fußen.

Schulterherein ist eine Kernlektion für das fortgeschrittene Reiten und die Voraussetzung für die weiteren Seitengänge wie Travers, Renvers und Traversalen.

Durch diese Übungen werden dem Pferd das Verständnis und das Vertrauen für das Zusammenspiel von treibenden und verhaltenen Hilfen deutlich gemacht, sodass die Voraussetzungen für das Erarbeiten von halben Tritten bis hin zur Piaffe und Passage geschaffen sind.

Wichtig!
Im Vorgehen in kleinen, systematischen, der Leistungsfähigkeit des Pferdes angepassten Schritten liegt der Erfolg.

An der Doppellonge können auch die übrigen Seitengänge erarbeitet werden, jedoch bedürfen sie eines erheblich höheren Ausbildungsstandes des Pferdes.

8 Ausbildung des Fahrpferdes an der Doppellonge

In der heutigen Zeit hat das Pferd als Wagenpferd, um Lasten zu transportieren oder um in der Landwirtschaft zu arbeiten, bis auf wenige Ausnahmen seine Bedeutung verloren. Wenn heute von Fahrpferden gesprochen wird, meint man in erster Linie das Sportpferd. Es muss so ausgebildet werden, dass es den Kriterien der Leistungsprüfungsordnung (LPO) entspricht.

Wichtig!
Das Ergebnis der Fahrausbildung soll ein leistungsfähiges und gehorsames Pferd sein, welches durch den systematischen Aufbau bei vernünftigem Einsatz über viele Jahre einzusetzen ist.

Band 5 der Richtlinien für Reiten und Fahren der Deutschen Reiterlichen Vereinigung beschreibt die Fahrausbildung. Hier sind die Grundsätze festgelegt, nach denen Pferd und Fahrer ausgebildet werden müssen. Insbesondere wird in Band 5 die Ausbildungsskala beschrieben – auf diese wurde bereits im zweiten Kapitel ausführlich eingegangen – sie trifft in jeder Weise auch auf ein Fahrpferd zu.

Franz Honecker, mehrmaliger rheinischer und nordrhein-westfälischer Meister, mit den Pferden Fresco und Eddy.

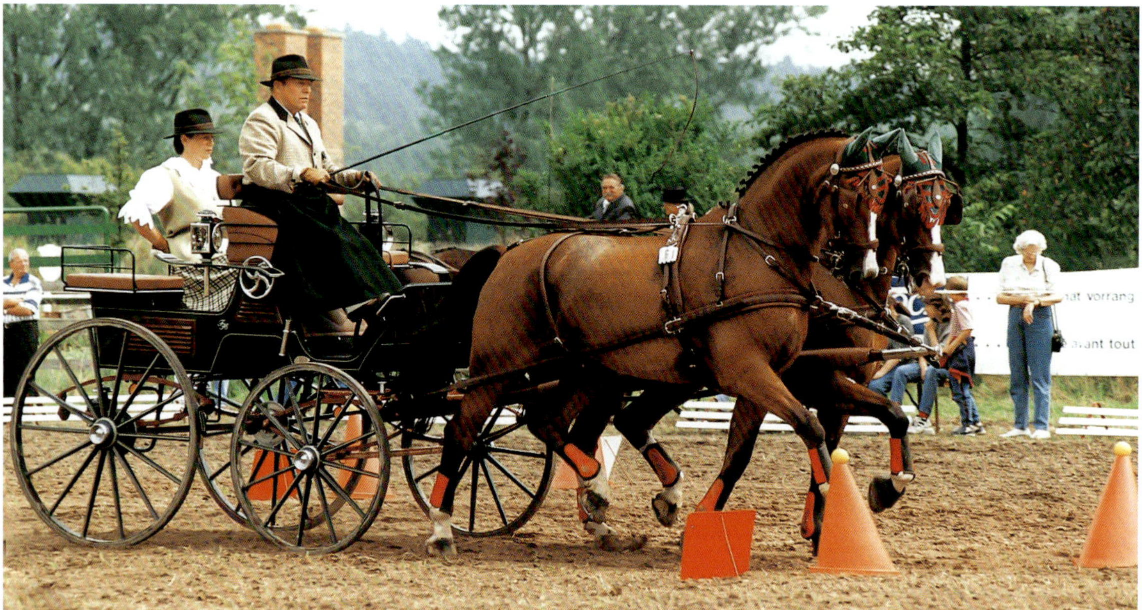

Die sechs Punkte der Ausbildungsskala müssen auch hier, in der gesamten Ausbildung und innerhalb jeder Trainingseinheit Beachtung finden.

Sicherheit im Fahrsport

Selbstverständlich sollten nicht nur Sportpferde, sondern alle Fahrpferde nach diesen Kriterien ausgebildet werden. Bei der Auswahl der Fahrpferde, insbesondere im reinen Freizeitbereich, kommt es besonders auf ein gutes Interieur (Charakter und Temperament) an. Denn wenn ein Pferd vor dem Wagen bockt und buckelt, führt dies meist zu einem Unfall. Darum muss die Ausbildung eines Fahrpferdes besonders sorgfältig durchgeführt werden. Die Sicherheit steht immer an erster Stelle.

8.1 Bedeutung der Ausbildungsskala für ein Fahrpferd

Takt

Man wünscht sich bei einem Fahrpferd, gleich ob am Gebiss oder mit hingegebenen Leinen, einen fleißigen raumgreifenden **Schritt** im klaren Viertakt.

Der **Trab** sollte taktmäßig, schwungvoll, elastisch und raumgreifend sein. In Fahraufgaben werden Gebrauchstrab, versammelter und starker Trab verlangt.

Der **Galopp** entfällt in Aufgaben und hat daher in diesen eine untergeordnete Bedeutung. Wenn ein Pferd jedoch gut ausgebildet ist und sicher an den Hilfen des Fahrers steht, hat dies mit Sicherheit im Fahrparcours und im Gelände seine Vorteile.

Losgelassenheit

Nur ein losgelassenes Pferd wird die Muskulatur richtig an- und abspannen, rationell arbeiten und sich nicht frühzeitig verschleißen.

Anlehnung

Das losgelassene Pferd lässt insbesondere im Schritt den Hals fallen und stellt eine weiche, elastische Verbindung zur Fahrerhand her. Gewünscht ist die Dehnungshaltung, in der das Pferd gut zum Schreiten kommt.

Im Gebrauchstrab sollte sich das Pferd in einer zwanglosen Selbsthaltung zeigen, in der Versammlung in relativer Aufrichtung sowie in der Verstärkung mit Rahmenerweiterung.
Oft sieht man, dass Fahrpferde viel zu eng im Hals sind. Hierdurch wird der Vortritt und das Durchschwingen der Hinterbeine stark beeinträchtigt. Dies resultiert oft aus zu scharfen Zäumungen, wie unzweckmäßigen Gebissen und falschem Einhängen der Kinnketten bei Kandaren.

Schwung

Unter Schwung versteht man den energischen Impuls aus der Hinterhand über den schwingenden Rücken auf die Gesamtvorwärtsbewegung des Pferdes.

Wie beim Reitpferd darf die Notwendigkeit eines schwingenden Rückens auch beim Fahrpferd nicht unterschätzt werden. Hier zeigt es sich besonders, ob ein Fahrpferd korrekt ausgebildet ist und über den Rücken geht. Es muss die Hilfen und Paraden in den Übergängen willig durchlassen.

Keinesfalls darf ein Fahrpferd in der Verstärkung so forciert gefahren werden, dass es immer wieder ungleiche Tritte zeigt, gegen die Leinen geht, mit den Hinterbeinen hinten herausschwingt oder hinten breit tritt.

Geraderichten

Auch das Fahrpferd sollte sich auf allen geraden und gebogenen Hufschlagfiguren vom Genick bis zum Schweif auf diese Linien einstellen, sich zu beiden Seiten gleichmäßig stellen, biegen und umstellen lassen. Dies dient der Sicherheit im Gespann, der gleichmäßigen Beanspruchung beider Körperhälften und ist Voraussetzung für die Versammlung.

Sicherlich hat der Fahrer nicht die Möglichkeiten der Einwirkung wie ein Reiter, ein Pferd geradezurichten. Häufig ist zu sehen, dass Pferde abdeichseln, drängen oder sich nur auf einer Hand korrekt stellen und biegen lassen. Immer wieder ist starke Außenstellung zu beobachten.

Durch Umspannen, reelles dressurmäßiges Fahren, Reiten und besonders durch die Arbeit mit der Doppellonge kann die Geraderichtung entscheidend verbessert werden.

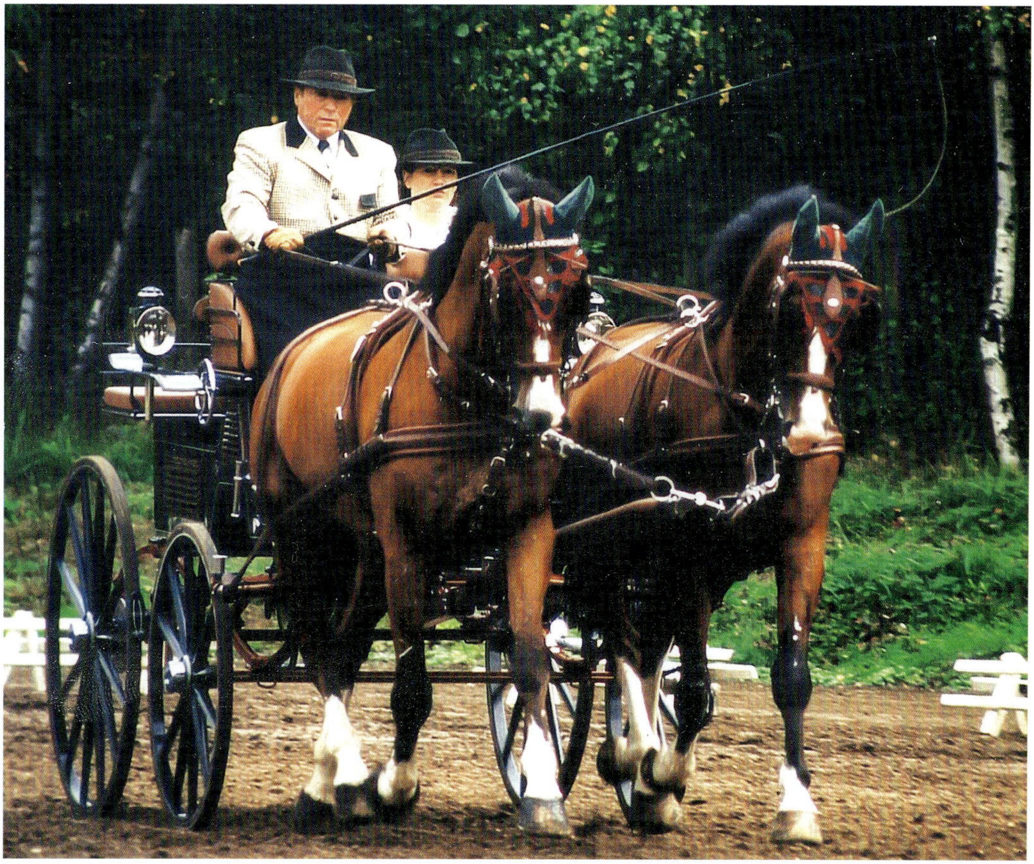

Präzision, Reaktionsvermögen und Sicherheit in allen Bereichen des Fahrens

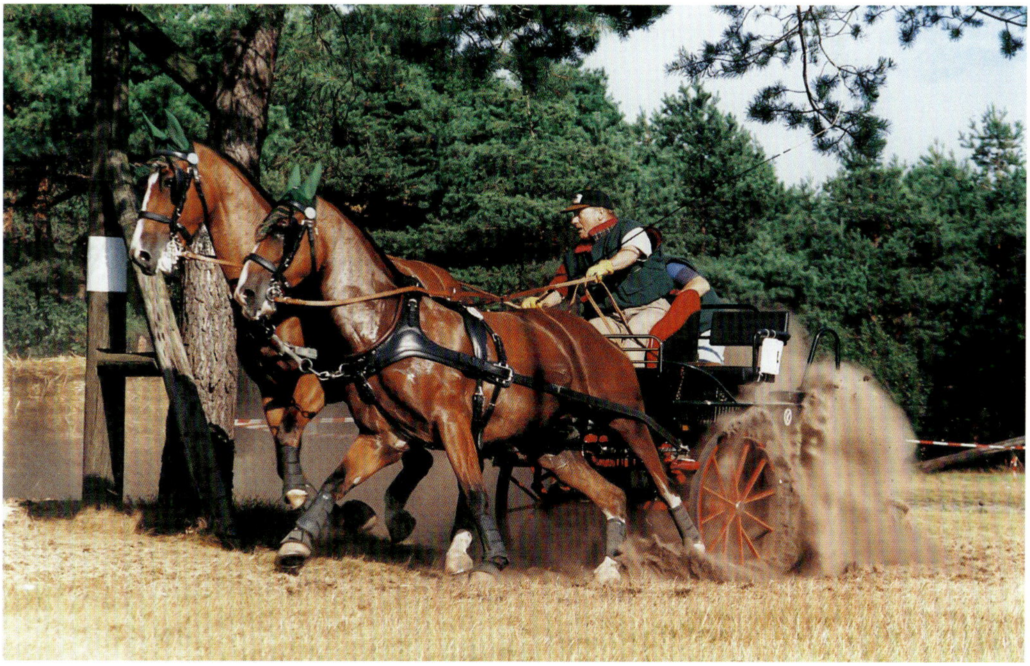

Versammlung

Das versammelte Tempo im Trab wird oft nur langsam und matt gefahren. Ein kadenziertes verkürztes Traben in relativer Aufrichtung ist leider selten zu sehen.

Hierbei muss selbstverständlich berücksichtigt werden, dass man von keinem Pferd erwarten kann, sich leichtfüßig, kadenziert und auch in großen Bewegungen zu präsentieren, wenn es bei schwerem Boden oder bergauf im Zug geht.

8.2 Vorbereitung an der Doppellonge zum Anspannen

Bei der Ausbildung eines Reitpferdes muss die Doppellonge nicht unbedingt eingesetzt werden, wenngleich sie unumstritten viele Vorzüge besitzt. Bei der Ausbildung eines Fahrpferdes hingegen ist sie ein Muss. Sie wird zunächst ebenso wie bei jedem anderen jungen Pferd angewendet, um das junge Fahrpferd in der Gewöhnungs- und Vertrauensphase mit allen Ausrüstungsgegenständen vertraut zu machen.

Während bei Reitpferden danach das Anreiten folgt, geht es hier darum, das Pferd zum Anspannen vorzubereiten. Die Doppellonge ist die einzige Möglichkeit, das Pferd sicher für alle Beteiligten an Leinen und Stränge zu gewöhnen.

Anlongieren auf Trense

Zu Beginn der Ausbildung wird das Pferd nur mit Trense longiert, damit es die Peitschenhilfe sieht, sich an sie gewöhnen kann, sie respektieren lernt und das Zusammenwirken der Hilfen versteht. Danach kann auch ein Fahrkopfstück mit Blendkappen verwendet werden, wie man es später im Gespann in Gebrauch hat.

8.3 Erarbeitung der Ausbildungsskala

Selbstverständlich ist es für ein Fahrpferd von großem Vorteil, wenn es dressurmäßig weit geritten ist. Der Fahrer hat jedoch als Hilfen nur Stimme, Peitsche und Leinen zur Verfügung. Insofern ist die Arbeit mit der Doppellonge die ideale

Voraussetzung und Ergänzung in der Fahrausbildung. Mit ihr können gezielt die einzelnen Punkte der Ausbildungsskala erarbeitet und verbessert werden.

Insbesondere der Gehorsam und die Geschmeidigkeit des Pferdes können optimiert und damit kann die Kontrolle über das Gespann erhöht werden.
Ein reell gearbeitetes Pferd wird sowohl beim dressurmäßigen Fahren als auch beim Hindernisfahren – sei es im Gelände oder im Fahrparcours – die größtmögliche Präzision und Sicherheit bieten und somit auch erfolgreicher sein.

An der Doppellonge und am langen Zügel können folgende Übungen und Lektionen, die für ein Fahrpferd besonders wichtig sind, erarbeitet und verbessert werden:

Beim Longieren

Übergänge – Tempi und Gangartwechsel

Insbesondere müssen die Übergänge Schritt – Trab herausgearbeitet werden sowie das Zulegen und Aufnehmen in kurzen Reprisen (circa eine halbe Zirkelrunde).

Schwungvoller Gebrauchstrab in sicherer Selbsthaltung

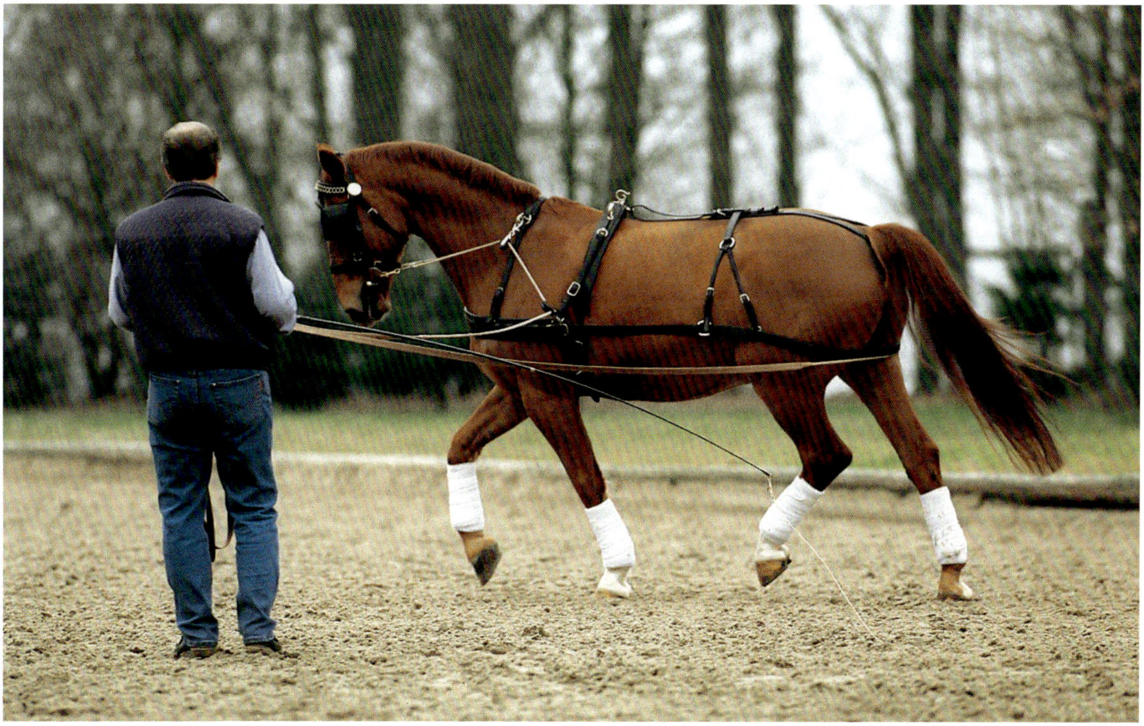

Promptes Reagieren auf zeichenartige Hilfen

Stimme, Peitsche und Leinen müssen mit immer geringerem Aufwand zusammenwirken, vor allem muss die Stimme durch die entsprechende Betonung und Wortwahl eindeutige Signale geben.

Sichere Kontrolle bei leichter Anlehnung – Verbesserung der Haltung

Nie darf ein Fahrpferd fest in der Anlehnung werden. Durch Heranhalten der Hinterhand und Nachgeben an der Longe wird die Leichtigkeit der Anlehnung verbessert.
Unkorrekte Anlehnung kann durch eine Korrektur der Befestigungshöhe der Leinenführungsringe der Doppellonge verbessert werden.

Verbesserung von Stellung und Biegung

Hier kann der Neigung vieler Fahrpferde, sich nach außen zu stellen, sehr gut entgegengewirkt werden. Die Peitsche wirkt nach außen weisend in Richtung Schulter, sodass mit der inneren Longe dem Pferd die notwendige Stellung gegeben werden kann. Die äußere Longe verhindert ein Ausfallen der Hinterhand, somit wird die Längsbiegung verbessert.

Durch den Zirkel wechseln im verkürzten Trab

Hierdurch werden die Geschmeidigkeit und die Reaktionsschnelligkeit des Pferdes verbessert. Die Übung stellt zugleich ein besonders gutes Training für den Fahrer dar, da er bei dem Handwechsel im Trab in der Lage sein muss, ausschließlich auf das Pferd zu achten. Die Handhabung von Longe und Peitsche darf sich nur noch im Unterbewusstsein abspielen.

Am langen Zügel

Ein möglichst geschlossenes, sicheres Halten und ruhiges Stehen

Dies ist ein unbedingtes Muss für jedes Fahrpferd, zum Beispiel zur Grußaufstellung bei einer Dressurprüfung für Wagenpferde oder an einer Verkehrsampel. Bei Pferden, die zur Unruhe neigen, bringt längeres Stehenlassen die Pferde zum Abspannnen und zur Ruhe.

Rückwärtsrichten

Das Pferd sollte vor allem gerade, in diagonaler Fußfolge willig zurücktreten. Diese Übung dient der Verbesserung der Durchlässigkeit, des Gehorsams und der Versammlung. Besonders ist auf das gerade Rückwärtstreten zu achten, damit der

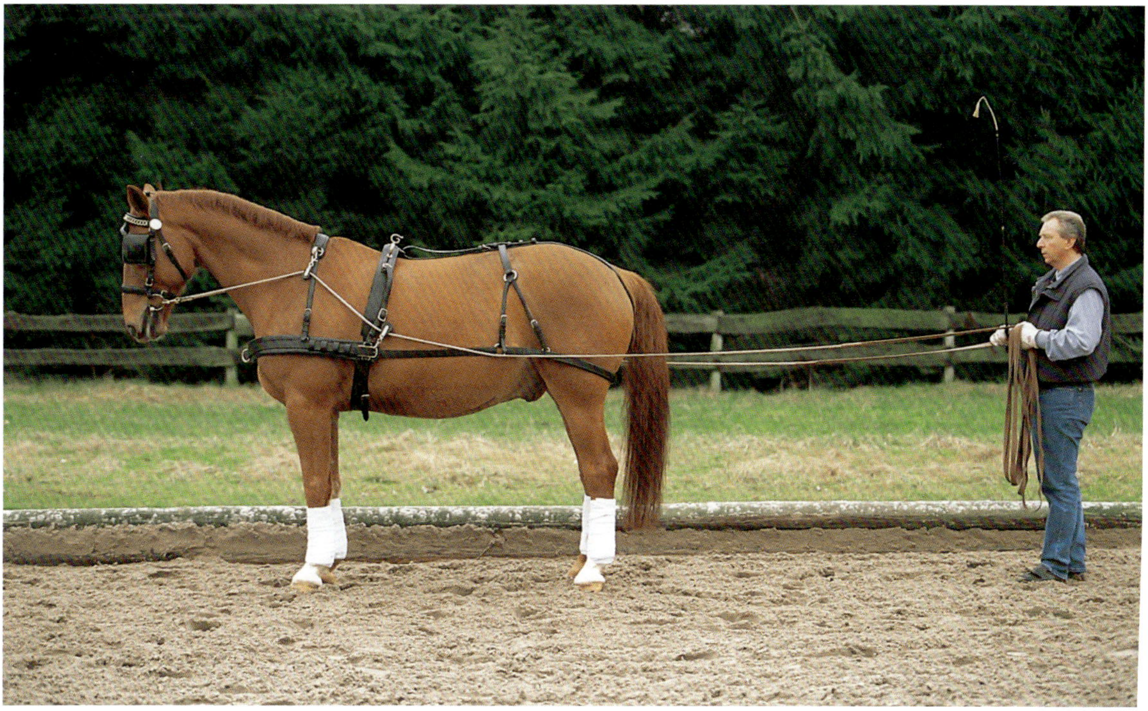

Sicheres geschlossenes Halten in völliger Ruhe

Durchlässiges, gerades Rückwärtsrichten in diagonaler Fußfolge

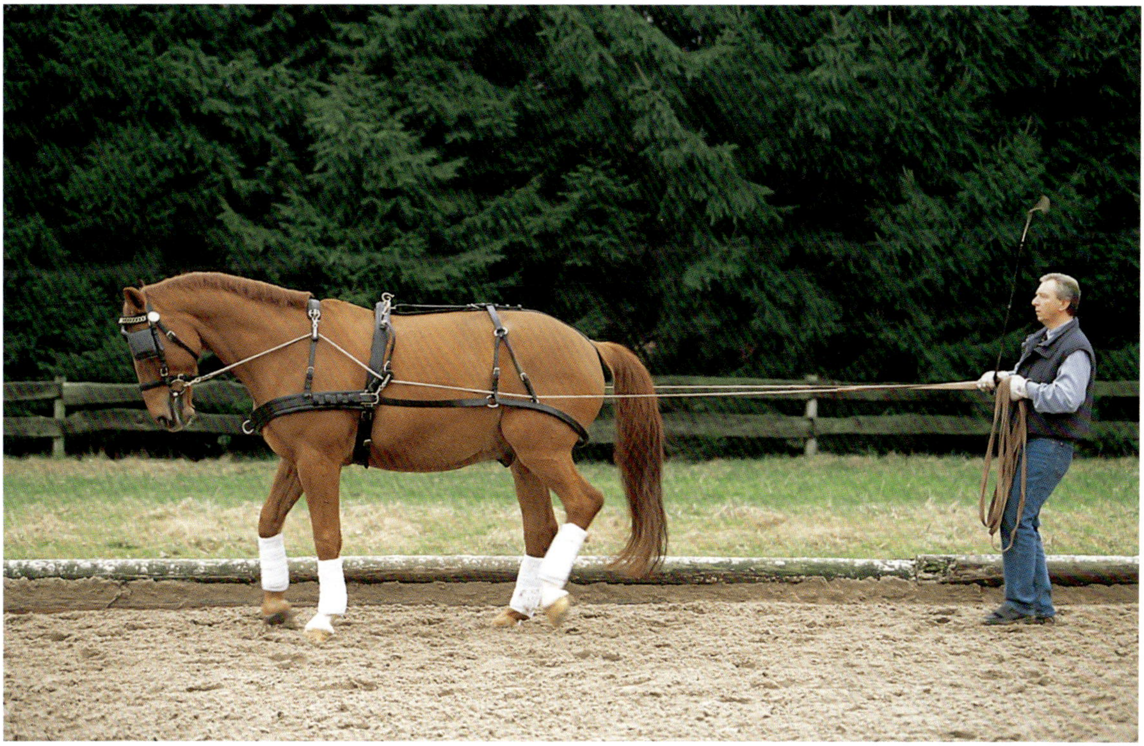

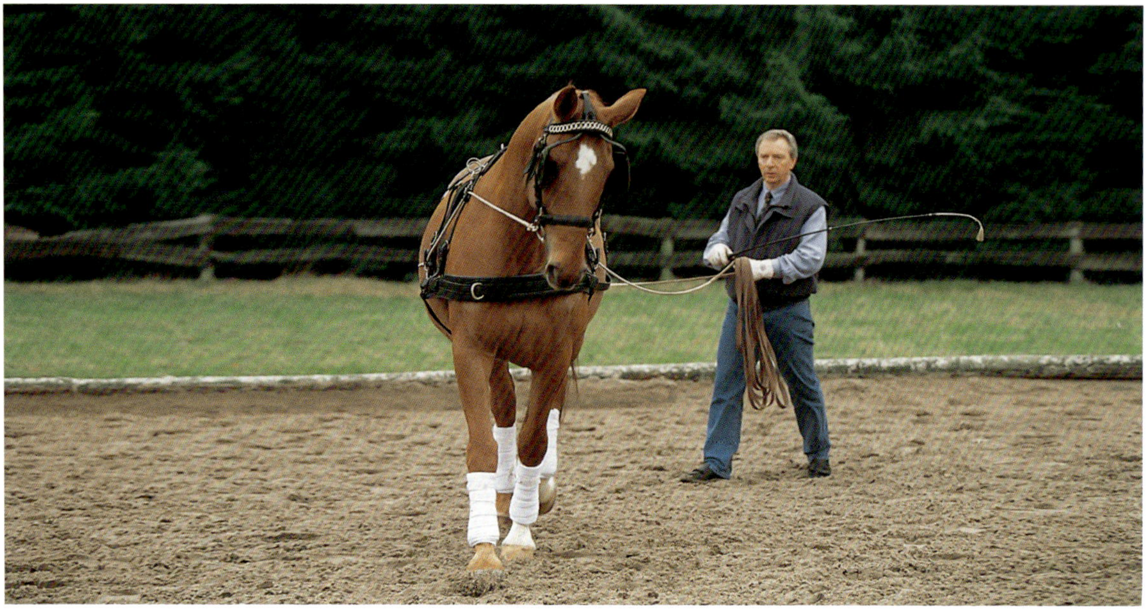

Deutlich ist zu erkennen, wie das Pferd die inneren treibenden Hilfen durchlässt und sich in seiner Längsachse auf die Volte einstellt.

Wagen nicht einschlägt und schief wird. Durch Anlegen der Handarbeitsgerte kann ein seitliches Ausweichen der Hinterhand vermieden werden.

Schenkelweichen

Der Fahrer muss mit der Peitsche – wie der Reiter mit dem Schenkel – das Pferd vorwärts- und vorwärts-seitwärtstreiben können. Hierzu lässt der Longenführer das Pferd an der langen Seite in einem Winkel von knapp 45° vorwärts-seitwärts treten. Das Pferd ist dabei entgegen der Bewegungsrichtung gestellt. Diese Art der Hilfengebung muss der Fahrer immer wieder anwenden, wenn ein Pferd dazu neigt, sich der korrekten Stellung und Biegung, zum Beispiel durch Scheuen, zu entziehen.

Wichtig!
Ein gut dressurmäßig gearbeitetes Pferd wird es dem Fahrer gestatten, mit geringstem Aufwand zu fahren und so zu einem harmonischen Miteinander zu kommen.

Volten und Kehrtvolten

Die Lektionen wie Volten und Kehrtvolten, wie sie auch in vielen Fahraufgaben verlangt werden, tragen wesentlich dazu bei, Stellung, Biegung und Durchlässigkeit zu verbessern. Hier muss die Handarbeitsgerte sowie der Schenkel des Reiters seitlich treibend einwirken. Die innere Leine gibt die Stellung durch Annehmen und Nachgeben, die äußere begrenzt die Längsbiegung.

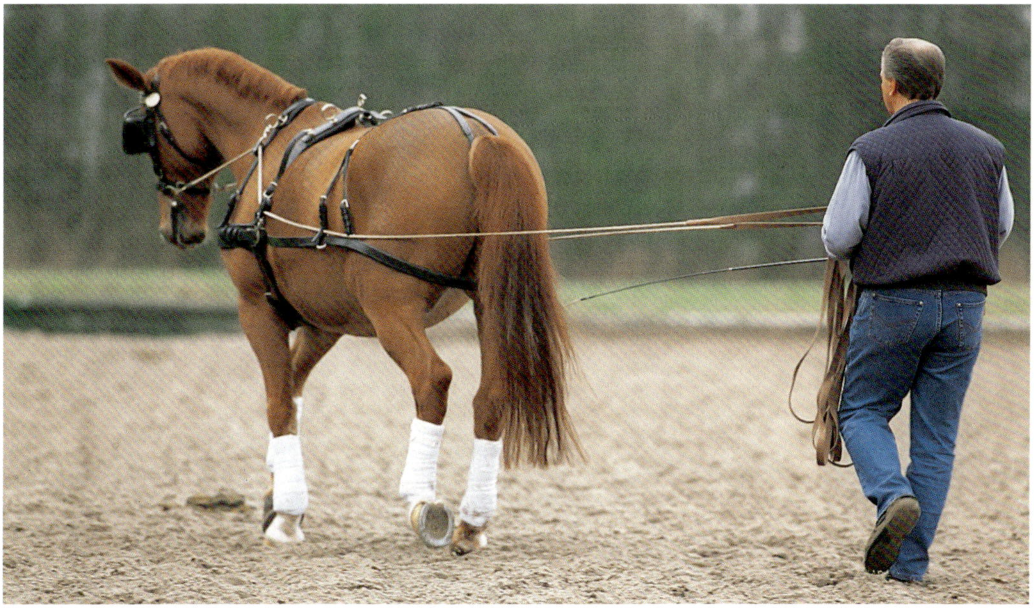

Schenkelweichen links

Schenkelweichen rechts

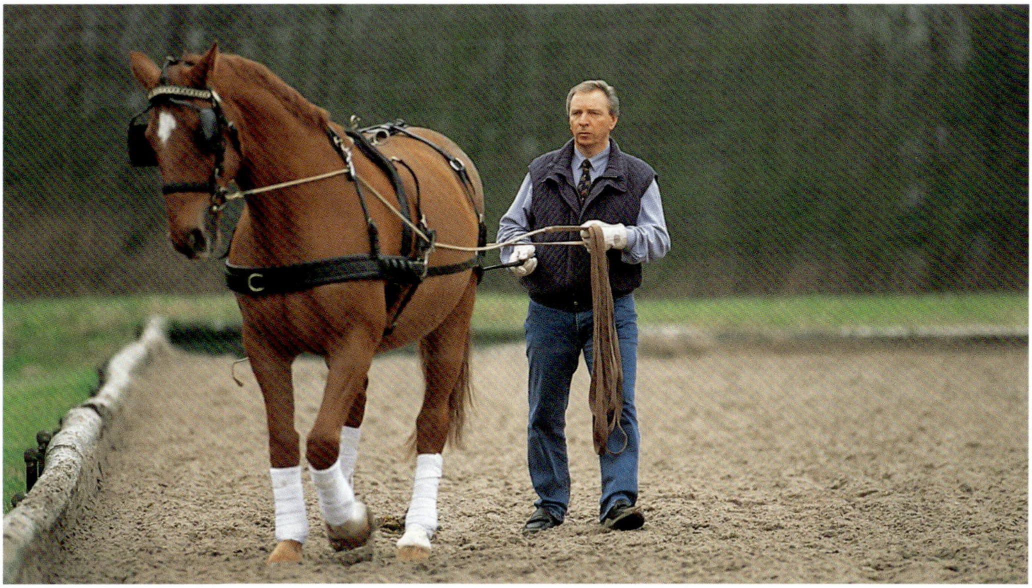

Die gezeigte Arbeit erscheint zwar mitunter etwas mühsam, sie wird sich aber beim praktischen Fahren in jeder Weise positiv auswirken.

9 Einsatz der Doppellonge bei Voltigierpferden

Wichtig!
Wie bei jeder anderen erfolgreichen Arbeit mit dem Pferd muss auch beim Voltigierpferd die Umsetzung der Ausbildungsskala die Grundlage des Trainings sein.

Der beste Ausgleich für den oft anstrengenden Einsatz als Voltigierpferd ist sicherlich korrektes Reiten. Hier kommt es darauf an, das Pferd aktiv in der Hinterhand und betont über den Rücken zu reiten.

Bei Pferden, die jedoch nicht zusätzlich qualifiziert geritten werden, kann die Arbeit an der Doppellonge zum Ausgleich und zur Ausbildung beitragen.

Sie kann eine hilfreiche und sinnvolle Ergänzung im Training eines Voltigierpferdes sein.

Mit der Doppellonge können im Einzelnen folgende Punkte verbessert werden:

- Der **Takt** – insbesondere im Galopp kann der klare Dreitakt gefördert werden.
- Die **Losgelassenheit** – durch das Arbeiten in Dehnungshaltung wird vor allem die Rückentätigkeit verbessert.
- Die **Anlehnung** – das Pferd in seiner natürlichen Selbsthaltung – wird überprüft.
- Der **Schwung** – vor allem im Galopp über längere Zeitstrecken (wie sie im Voltigiersport verlangt werden) kann der energische Impuls der Hinterhand durch fleißiges Durchspringenlassen verbessert werden.
- Das **Geraderichten** – hier wird vor allem das Ausfallen der Hinterhand verhindert und so die Entwicklung der Tragkraft gefördert.
- Die **Versammlung** und das Engagement der Hinterhand, insbesondere zur Erzielung einer gleichmäßigen und gesetzten Galoppade, werden durch das Herauslongieren von versammelnden Lektionen entwickelt und verbessert.

Durch einen solchen Einsatz trägt die Doppellonge auch in hohem Maße zur Gesunderhaltung eines Voltigierpferdes bei.

Bei jüngeren Pferden kann die Doppellongenarbeit bereits in der Vorbereitung für die Voltigierarbeit eingesetzt werden. Sind beim Voltigieren Probleme aufgetreten, zum Beispiel hinsichtlich des Gehorsams, des Durchsprungs im Galopp usw., kann eine Korrektur an der Doppellonge oft Abhilfe schaffen.

Bei der praktischen Arbeit ist besonders darauf zu achten,

- dass das Pferd betont über den Rücken gearbeitet wird, hierbei kommt es vor allem auf die richtige Befestigungshöhe der Longen an;
- dass die Hand häufig gewechselt wird;
- dass auf einem möglichst großen Zirkel gearbeitet wird, um die Belastung so gering wie möglich zu halten;
- dass konsequent auf die Aktivierung der Hinterhand geachtet wird, dies ist während des Voltigierens nur bedingt möglich.

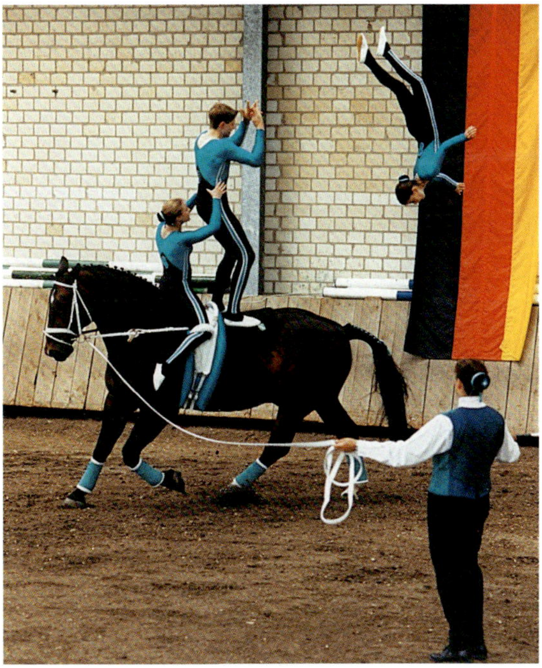

Training einer Voltigiergruppe. Ein Pferd muss viel Qualität haben und sehr gut ausgebildet sein, um ein Voltigieren in dieser Form zu gestatten.

10 Bodenrickarbeit an der Doppellonge

Das Longieren über Bodenricks mit der Doppellonge stellt an den Longenführer erhöhte Anforderungen. Der Longenführer muss klare Vorstellungen über die möglichen Ziele der Bodenrickarbeit haben.

Damit er diese Ziele erreichen kann, benötigt er das entsprechende theoretische Wissen und praktische Können. Hierzu gehören zum Beispiel die Kenntnisse über Bewegungsabläufe (um die Abstände der Stangen korrekt aufzubauen) und darüber, welche Auswirkungen das Verändern der Höhe und die Entfernung der Stangen haben können.

Er muss die körperliche Belastbarkeit des Pferdes richtig einschätzen, um die nötige Muskelschulung zu erreichen. Keinesfalls darf einem Pferd zu viel zugemutet werden, sonst würde beim Pferd mehr Schaden als Nutzen entstehen.

Voraussetzungen des Pferdes

Grundsätzlich sollte Bodenrickarbeit nur mit Pferden durchgeführt werden, die in Bezug auf Knochen, Sehnen und Gelenke in jeder Hinsicht in Ordnung sind. Durch Gamaschen, Bandagen und unter Umständen Sprungglocken ist für entsprechenden Schutz der Pferdebeine zu sorgen.

Im Normalfall nehmen die Pferde die Bodenrickarbeit bei entsprechender Vorbereitung ohne weitere Probleme an. Bei ängstlichen, widersetzlichen oder heftigen Pferden muss der Longenführer über viel Geschick verfügen, um das Ziel der Bodenrickarbeit zu erreichen.

Die Bodenrickarbeit kann für alle Pferde sinnvoll sein, wobei es keine Rolle spielt, ob es sich um jüngere, ältere oder Korrekturpferde handelt.

10.1 Sinn und Zweck der Bodenrickarbeit

Sinn und Zweck der Bodenrickarbeit an der Doppellonge ist vor allem die

Verbesserung der gesamten Losgelassenheit, insbesondere der **Rückentätigkeit**. Der besondere Effekt der Bodenrickarbeit liegt im Dehnen der Oberlinie. Um sich auszubalancieren, hat das Pferd die Tendenz, den Hals fallen zu lassen. Dabei muss sich der Rücken aufwölben und die Hinterbeine, durch das Übertreten der Stangen bedingt, müssen energischer abfußen und mehr vorschwingen.

Darüber hinaus werden folgende Punkte verbessert:

Die Kontrolle über die Bewegungsabläufe
Pferde mit einem unregulierten Bewegungsablauf werden durch die gleichmäßigen Abstände zu einem taktmäßigen Treten angeregt. Faule Pferde müssen energischer fußen und eilige Pferde gehen kontrolliert.

Die Muskelschulung
Durch das höhere Abfußen über die Stangen muss ein Pferd deutlich mehr Muskelarbeit leisten als auf ebenem Boden. Dadurch wird die Muskulatur mehr beansprucht und aufgebaut. Die gleichmäßigen Abstände regen das Pferd zu einem regelmäßigen korrekten An- und Abspannen der Muskulatur an.

Die Balance und Trittsicherheit
Das Pferd lernt, durch das höhere Abfußen bedingt, sich auf dem diagonalen Beinpaar besser auszubalancieren. Der Bewegungsapparat wird stabilisiert und damit die Trittsicherheit erhöht.

Das Geschick, die Aufmerksamkeit und Gewandheit
Im Verlauf der Ausbildung ist deutlich zu erkennen, dass das Pferd die ihm – mit den Bodenricks – gestellte Aufgabe immer problemloser beherrscht. Insbesondere junge Pferde können, ähnlich wie bei der Geländeausbildung, zur Aufmerksamkeit und Mitarbeit gebracht werden.

Das Reaktions- und Koordinationsvermögen
Durch das Verändern der Anforderungen muss sich das Pferd auf immer wieder neue Situationen einstellen und entsprechend reagieren.

Die Förderung von Raumgriff und Kadenz
In der fortgeschrittenen Ausbildung kann durch das Erweitern der Abstände der Raumgriff deutlich verbessert werden. Durch kürzere Abstände, aber höher gelegte Stangen wird ein längeres Aushalten in der Schwebephase und damit die Kadenz gefördert.

10.2 Zweckmäßiger Aufbau

Der Aufbau der Stangen, wie auf den nachfolgenden Abbildungen dargestellt, hat sich als sinnvoll erwiesen.

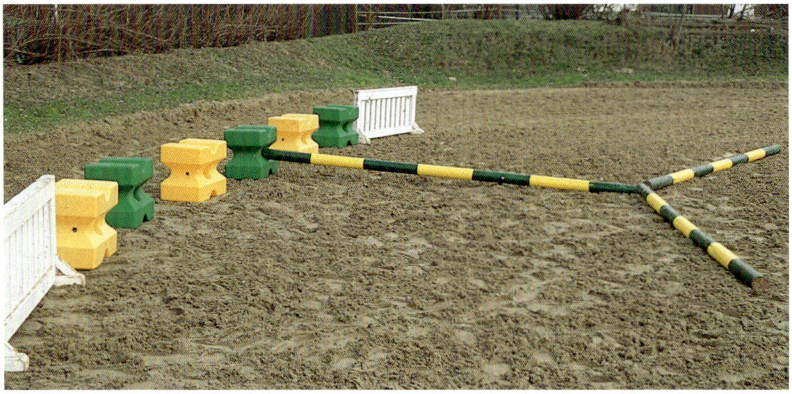

Zweckmäßiger Aufbau für das Longieren über eine Stange: Die äußere Begrenzung verhindert ein Vorbeilaufen des Pferdes an der äußeren Seite, die Stangen innen sorgen dafür, dass das Pferd nicht nach innen ausweicht.

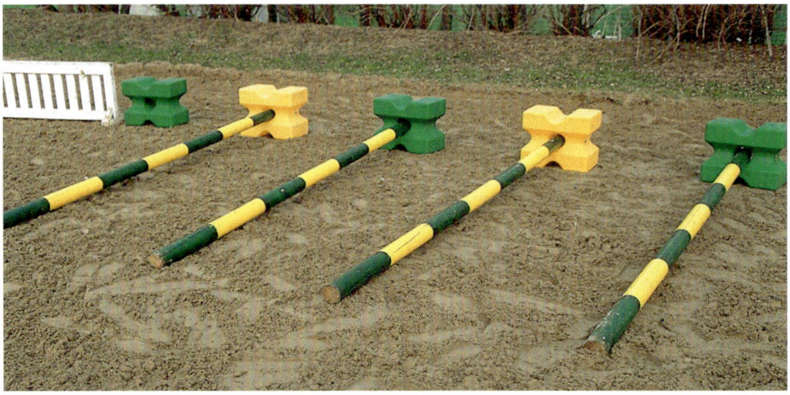

Zweckmäßiger Aufbau mit vier Stangen: Sie liegen nur gering strahlenförmig und sind in der Mitte der Blöcke fixiert; dies verhindert ein Verrollen.

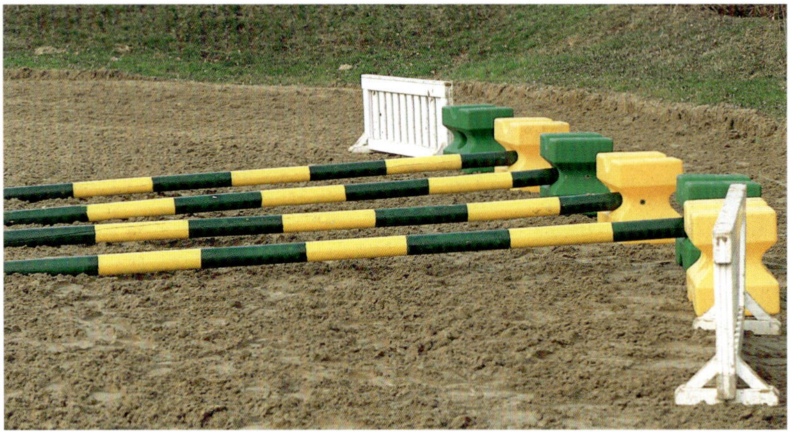

Die Stangen liegen zur Mitte hin auf dem Boden, dadurch kann die Longe nicht hängen bleiben. Nach Möglichkeit sollte die Mitte der Stangen anlongiert werden.

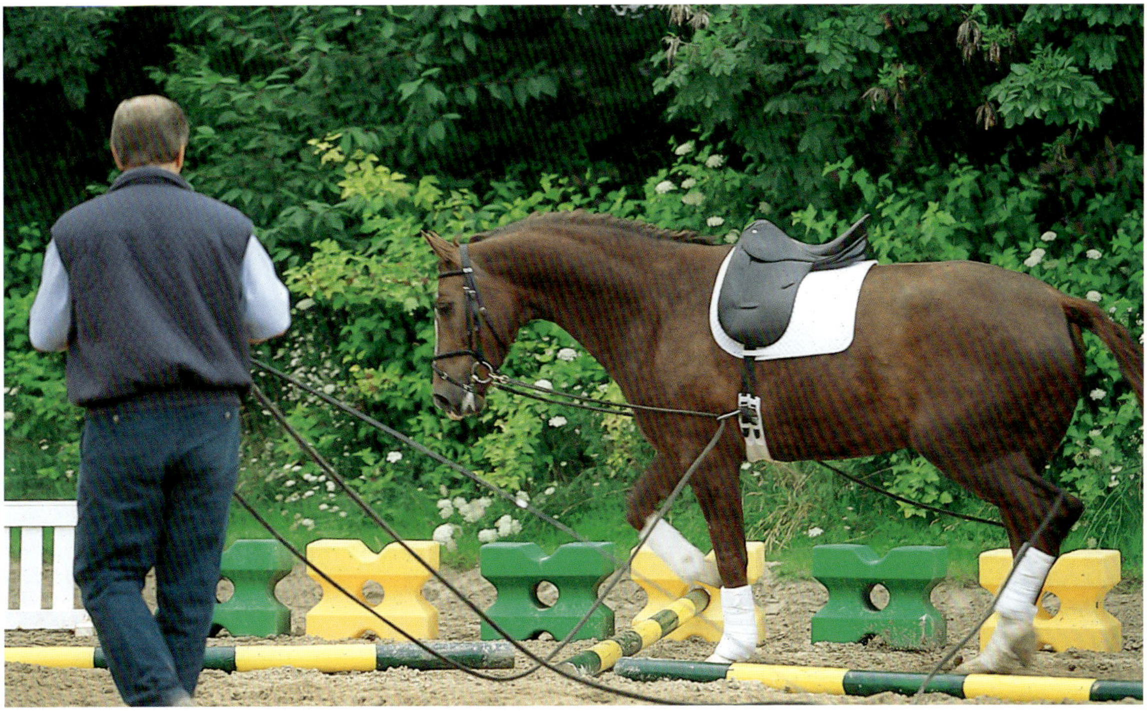

Das Longieren über eine Stange gelingt auf Anhieb.

10.3 Das erste Vertrautmachen mit den Bodenricks

Wie bei jeder Arbeit wird das Pferd zur Vorbereitung genügend lange gelöst. Wird die Bodenrickarbeit das erste Mal durchgeführt, empfiehlt es sich, das Pferd mit Unterstützung eines Helfers ein- bis zweimal über eine einzelne fixierte Stange zu führen.

Damit ist die Aufgabe des Helfers nicht beendet. Er muss weiter anwesend sein, um bei dem Auf- und Umbau der Stangen und eventuell auftretenden Problemen zu helfen oder verschobene Stangen zu korrigieren. Cavalettis sollten für diese Arbeit nicht eingesetzt werden. Es besteht die Gefahr, dass die Longe an den Kreuzen hängen bleibt.

Longieren über eine einzelne Stange

Das Pferd wird so lange über die einzelne Stange longiert, bis es ohne Spannungen darübertrabt. Durch geschicktes Heranlongieren an die Stange wird es dem Pferd leichter, sie zu überwinden.

Bei der Bodenrickarbeit ist besonders wichtig, dass der Longenführer durch Nachgeben dem Pferd die notwendige Halsdehnung gestattet. Das Pferd balanciert sich mit dem Hals aus und darf deshalb in seinem Gleichgewicht nicht behindert werden.

Um das Pferd nicht zu überfordern, muss in kleinen Lernschritten vorgegangen werden. Auch wenn man schnell Erfolg sehen möchte, so kann dieser nicht erzwungen werden. Zunächst geht es darum, das Vertrauen des Pferdes in diese Arbeit und auch zu dem Longenführer herzustellen. Ohne Zwanglosigkeit wird es nicht möglich sein, zu einer Steigerung der Anforderungen und dem damit verbundenen Erfolg zu kommen.
Dies bedeutet, dass der Longenführer es bei den ersten Übungen eventuell auch nur mit einer Stange bewenden lassen sollte.

Longieren über vier Stangen

Ist das Longieren über eine Stange problemlos bewältigt, können die Anforderungen sehr bald bis auf vier Stangen gesteigert werden. Zwei Stangen sollte man nicht verwenden, da die Pferde hierdurch häufig veranlasst werden, diese zu überspringen, und deshalb nicht zum taktmäßigen Traben kommen. Sobald Unruhe oder auch Spannungen entstehen, longiert man neben den Stangen, bis sich das Pferd wieder entspannt hat.

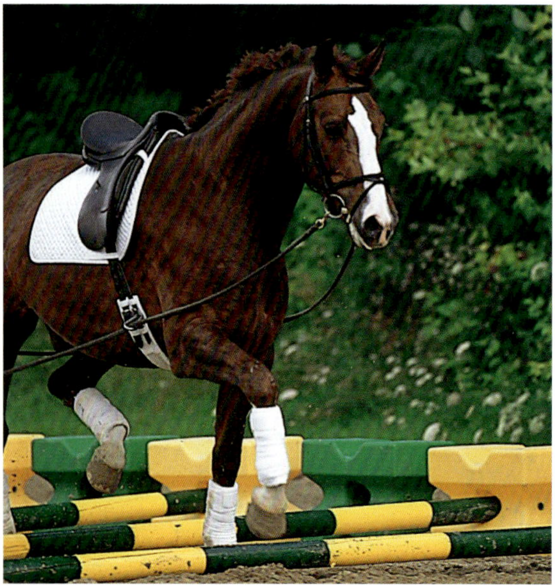

Das Pferd wird das erste Mal über vier Stangen longiert. Es ist willig, jedoch noch ohne Halsdehnung nach vorwärts-abwärts.

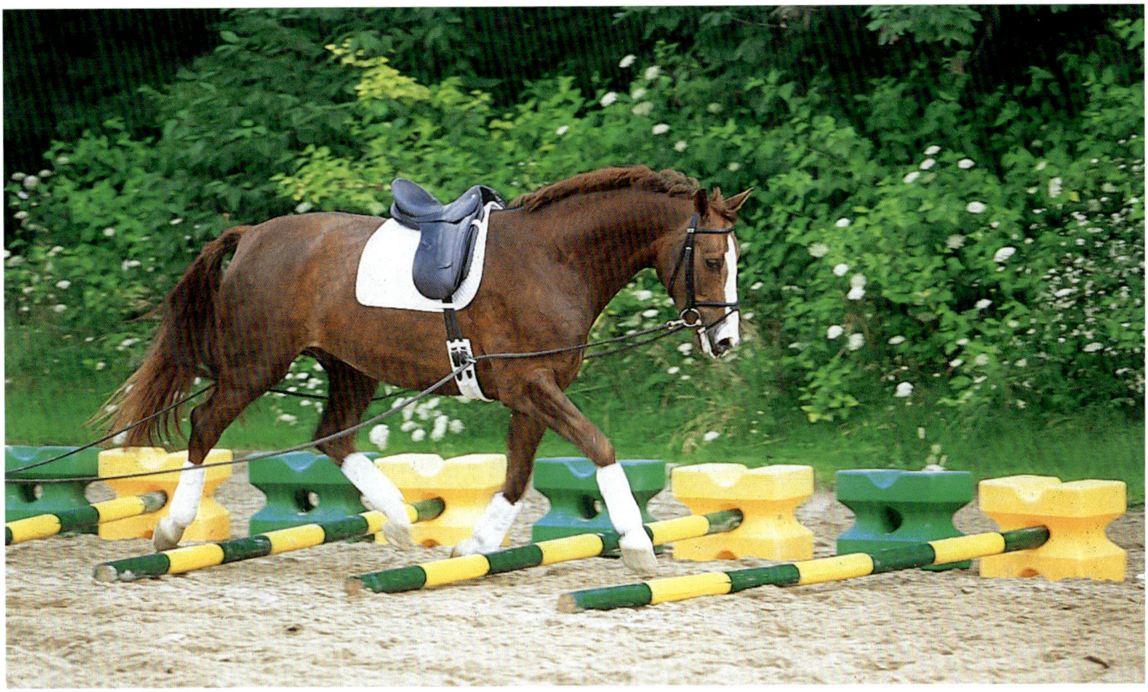

Positives Ergebnis der ersten Arbeit über Bodenricks. Mit diesem Erfolg sollte man zufrieden sein und die Arbeit mit abschließendem Loben beenden.

Deutlich ist das energische Abfußen zu erkennen.

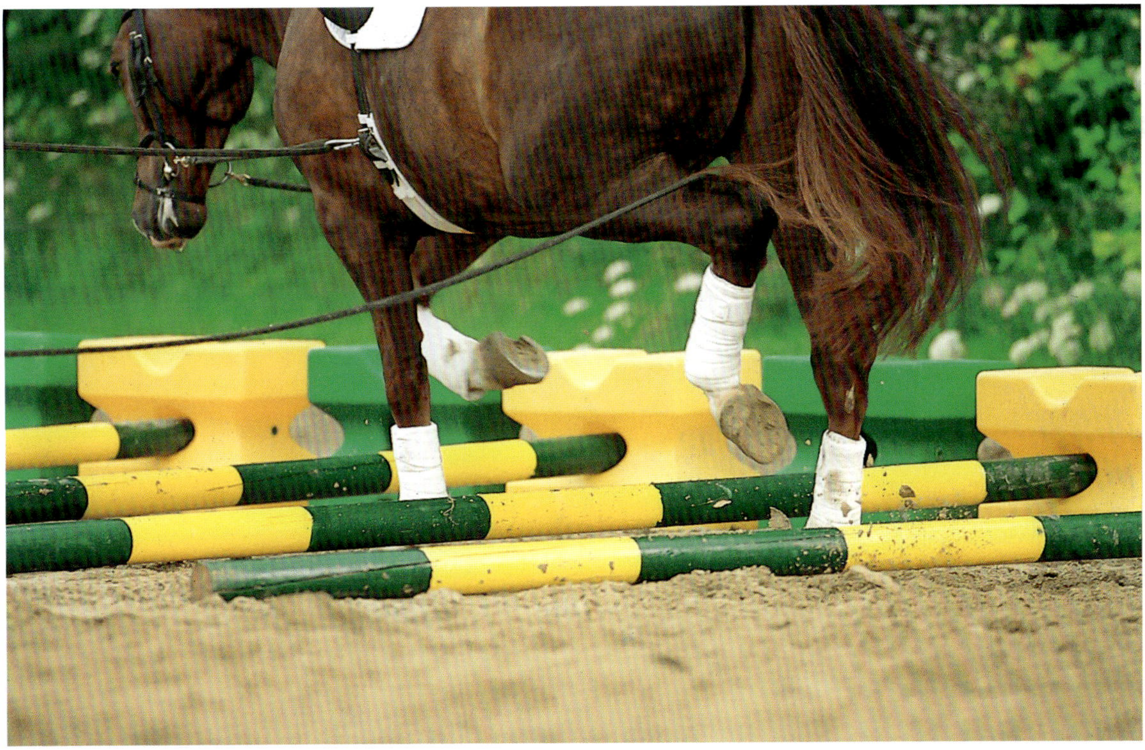

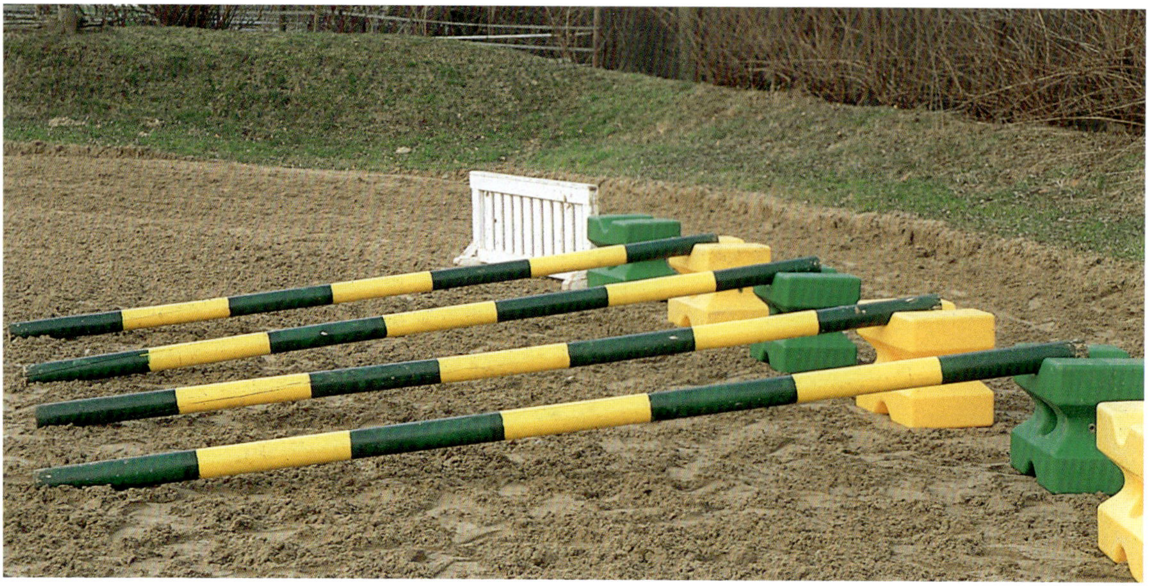

Diese Höhe sollte ausschließlich Pferden vorbehalten sein, die über genügend Elastizität verfügen.

Die mittlere Entfernung der Stangen beträgt dann circa 1,30 Meter im Trab. Dies ist jedoch nur ein Mittelwert, der individuell dem Bewegungsablauf angepasst werden muss.Selbstverständlich ist die Arbeit auf beiden Händen auszuführen. Bei den ersten Übungen sollte nach einigen gelungenen Versuchen das Pferd gelobt und die Arbeit abgeschlossen werden.

Hat das Pferd die erste Übungseinheit über Bodenricks erfolgreich absolviert, ist die Basis für die Verfeinerung dieser Arbeit gelegt.

10.4 Die Bodenrickarbeit in der vielseitigen Ausbildung

Die Bodenrickarbeit ist ein wertvoller Bestandteil der Ausbildung. Sie wird jedoch von vielen Reitern abgelehnt, da sie recht aufwendig in der Durchführung ist und durch unsachgemäße Ausführung oftmals keine Verbesserungen eintreten.
Als Faustregel gilt, dass Pferde mit einem etwas eiligen oder kurzem Bewegungsablauf durch kontinuierliche Bodenrickarbeit durchaus zum energischeren Abfußen und zu schwungvolleren Bewegungen gebracht werden können. Diese Arbeit sollte kontinuierlich circa zwei- bis dreimal in der Woche durchgeführt werden.

Hierbei empfiehlt sich eine Höhe der Stangen von etwa 15 bis 20 cm. Die mittlere Entfernung beträgt circa 1,30 m. Sie gestattet dem Pferd ein müheloses Übertreten und kann je nach Raumgriff des Pferdes variiert werden.

Damit die Arbeit ohne Unterbrechungen, zum Beispiel nach dem Verschieben einer Stange, und individuell auf das Pferd abgestimmt durchgeführt werden kann, ist es unbedingt notwendig, dass ein Helfer anwesend ist.

10.5 Die Bodenrickarbeit in der fortgeschrittenen Ausbildung

In der Dressurausbildung stellen die Bewegungen der Pferde den Reiter hin und wieder vor Probleme. Hat man zum Beispiel Mühe, ein Pferd mit großen Bewegungen in Versammlung und damit zu erhabenen Trabbewegungen zu bringen, so mögen etwas höher – circa 25 cm – gelegte Stangen bei etwas verkürzten Abständen hierbei Abhilfe schaffen.

Der Rücken des Pferdes kommt auch über den höher gelegten Stangen optimal zum Schwingen, das Nachgeben der Longe gestattet ein optimales Ausbalancieren.

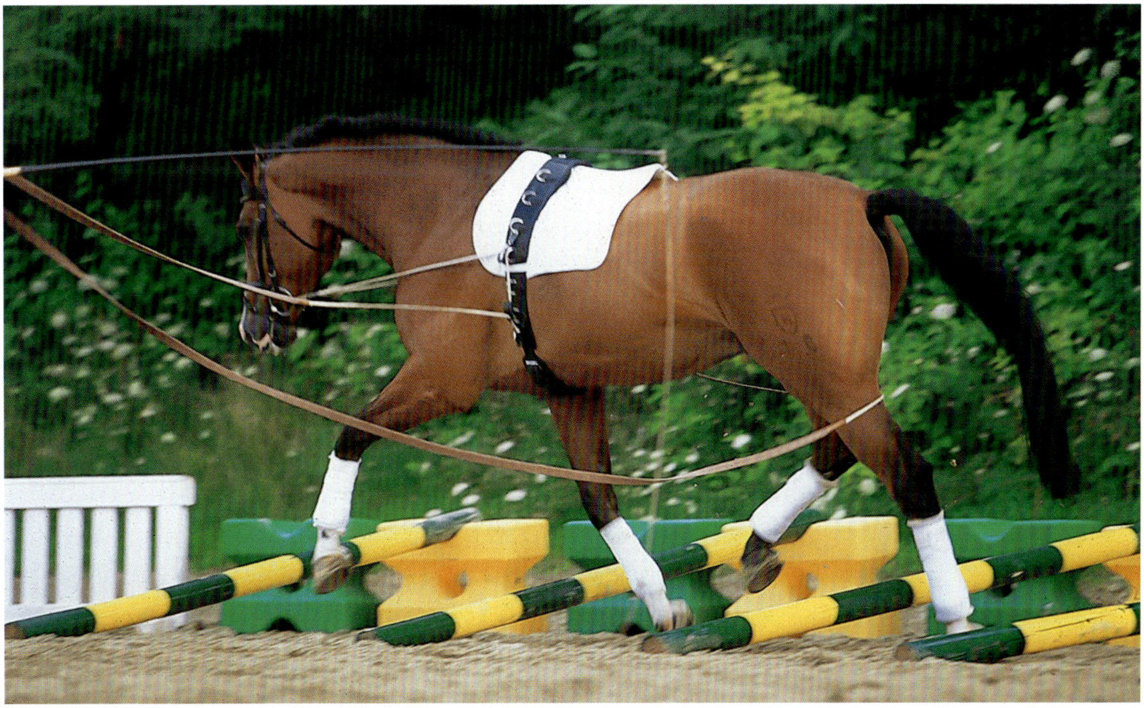

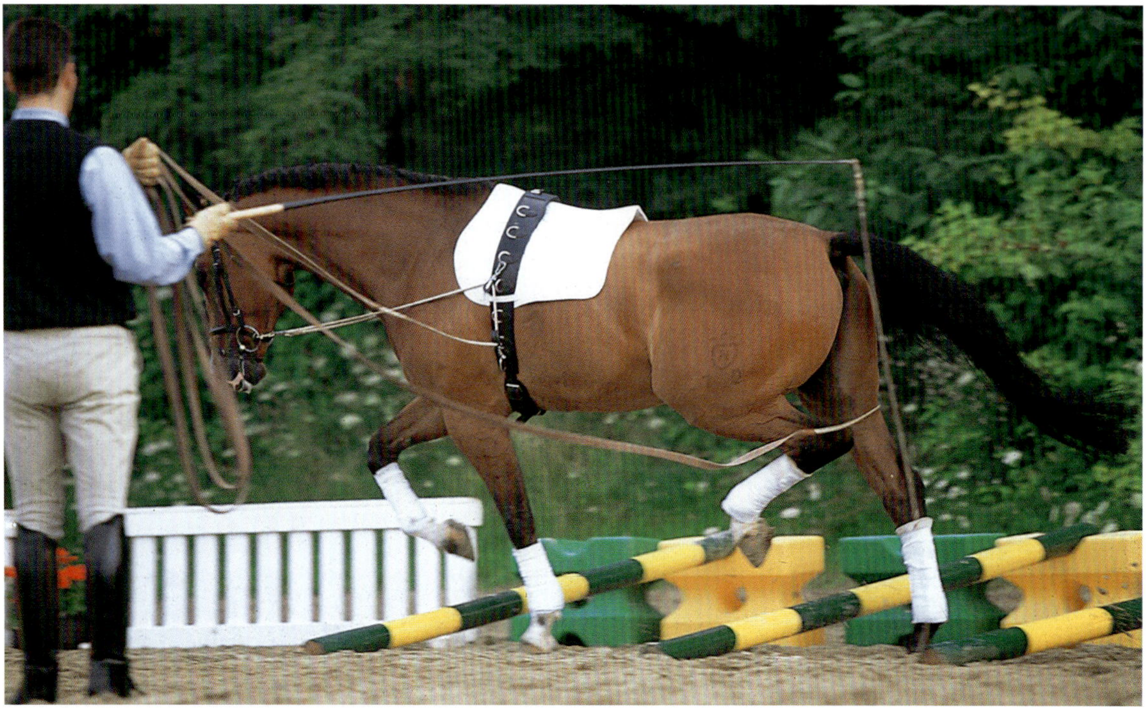

Kadenzierte Bewegungen, das Pferd bleibt dennoch spannungsfrei und losgelassen.

Soll der Raumgriff verbessert werden, können die Stangen entsprechend dem Talent des Pferdes etwas weiter gelegt werden. Das Zulegen und Erweitern der Tritte müssen sehr dosiert vorgenommen werden. Ansonsten besteht die Gefahr der Überanstrengung und der Verletzung.

Die Bodenrickarbeit ist, neben der Abwechslung im Ausbildungsprogramm, eine ideale Voraussetzung zum Springen.

11 Springen an der Doppellonge

Neben dem Freispringen und dem Springen unter dem Reiter ist das Springen an der Doppellonge eine weitere Möglichkeit, jüngere Pferde an das Springen heranzuführen und ältere weiter zu fördern.
Es stellt an den Longenführer, ähnlich wie die Bodenrickarbeit, erhöhte Anforderungen. Der Ausbilder muss bereits über viel Erfahrung in der Ausbildung von Springpferden verfügen und die Longe geschickt handhaben können. Gerade in der Springausbildung kommt es auf die Systematik an, mit der der Longenführer vorgeht.

11.1 Die Bedeutung der Ausbildungsskala für ein Springpferd

Die Ausbildungsskala findet auch in der Springausbildung in jeder Weise Anwendung. Ihre Erfüllung ist die Voraussetzung für harmonisches und erfolgreiches Springen.

Takt ist die Voraussetzung für:

- rationelles Arbeiten des Pferdes
- gleichmäßige rhythmische Bewegungen auf geraden und gebogenen Linien
- richtiges Grundtempo im Parcours

Losgelassenheit ist die Voraussetzung für:

- Leistungsbereitschaft
- korrekte Anlehnung
- Reiten ohne Widerstände und Spannungen
- Hergabe des Rückens
- korrekte Bascule (Wölbung der Oberlinie im Sprung)
- Verbesserung des Reaktionsvermögens
- Verbesserung des Taxiervermögens
- Verbesserung der gesamten Springmanier usw.

Anlehnung ist die Voraussetzung für:

- gewünschte Durchlässigkeit
- Verlängern und Verkürzen der Galoppsprünge zum Beispiel in Distanzen
- Halsdehnung zum Sprung (Tauchen)
- Tragkraft – Federkraft – Schnellkraft

Schwung ist die Voraussetzung für:

- Rückentätigkeit
- Aktivität der Hinterhand
- „Vor-sich-Haben" des Pferdes
- sichere Einwirkung bei höherem Tempo
- sich „Fliegen-Lassen" im Sprung

Geraderichten ist die Voraussetzung für:

- gleichmäßige Verteilung der Beanspruchung auf beide Körperhälften (Gesunderhaltung)
- Durchlässigkeit auf beiden Händen
- Reiten von Wendungen
- Tragkraft – Federkraft – Schnellkraft – Sprungkraft

Nur so kann das Pferd – in sich gerade, bei guter Technik und Bascule – „durch den Körper springen"

Wichtig!
Ein Pferd, welches nach den Grundsätzen der Ausbildungsskala ausgebildet worden ist, bietet die größtmögliche Präzision und Sicherheit im Parcours, wird dem Reiter ein angenehmes Gefühl vermitteln und bei vernünftigem Einsatz lange Jahre erfolgreich und leistungsfähig bleiben.

Versammlung ist die Voraussetzung für:

- Entlasten der Vorhand (Gesunderhaltung)
- richtige Absprungsposition
- Reiten von engen Wendungen (Stechen)
- Entwicklung der Sprungkraft nach oben

Wie weit ein Pferd an der Doppellonge zu fördern ist, hängt von dem Talent des Pferdes ab. Dies muss der Ausbilder erkennen und entsprechend umsetzen können. Die Gefahr besteht im übertriebenen Ehrgeiz des Longenführers, wenn sich ein Pferd besonders gut anbietet.

Hier muss der alte Grundsatz gelten:

„weniger ist mehr",

das heißt, dass nur auf der Grundlage der richtigen und gefestigten Ausbildung – bei entsprechendem Alter – die Anforderungen gesteigert werden dürfen.

Reiter, die aus welchen Gründen auch immer, vom Sattel aus keine Springpferde mehr ausbilden können, haben durch den Einsatz der Doppellonge die Möglichkeit, ihre Pferde in vorzüglicher Weise vielseitig zu trainieren.

Wichtig!
Geschick und Erfahrung des Longenführers sind Grundvoraussetzungen, um Pferde an der Doppellonge effektiv springen zu lassen. Die Handhabung der Longe muss sich im Unterbewusstsein vollziehen.

Nicht nur für Springpferde ist das Springen an der Doppellonge eine hervorragende Ausbildungsmethode. Sie bietet auch für Pferde, die in anderen Sparten des Pferdessportes eingesetzt werden, viele Vorteile, zum Beispiel Abwechslung im Ausbildungsprogramm oder Verbesserung der Losgelassenheit.

11.2 Vorteile des Gymnastikspringens an der Doppellonge

Das Springen an der Doppellonge ist eine Form des Gymnastikspringens. Beim Springen unerfahrener Pferde werden vor allem Vertrauen, Springfreude, Sicherheit und Selbstständigkeit gefördert. Darüber hinaus hat diese Arbei sowohl für jüngere als auch für ältere Pferde noch viele weitere Vorteile, zum Beispiel:

- Springen aus der Ruhe (mit Trabstange Abstand circa 2,20 m)
- Hergabe des Rückens – Bascule
- Entwicklung und Vervollkommnung der Technik
- Schulung des Taxiervermögens
- Erziehung zur Aufmerksamkeit
- Steigerung des Selbstbewusstseins
- Abwechslung im Trainingsprogramm

Die Pferde lernen unter anderem, auf der gebogenen Linie, aus dem Galopp kommend zu springen und dabei den richtigen Galopp zu erhalten.

11.3 Aufbau

Damit die Longe nicht an dem Hindernismaterial hängen bleibt und das Pferd den Sprung möglichst gut überwinden kann, wird folgender Aufbau empfohlen.

Das Sprunggestell wurde selber gefertigt – über die obere Rundung kann die Longe problemlos gleiten.

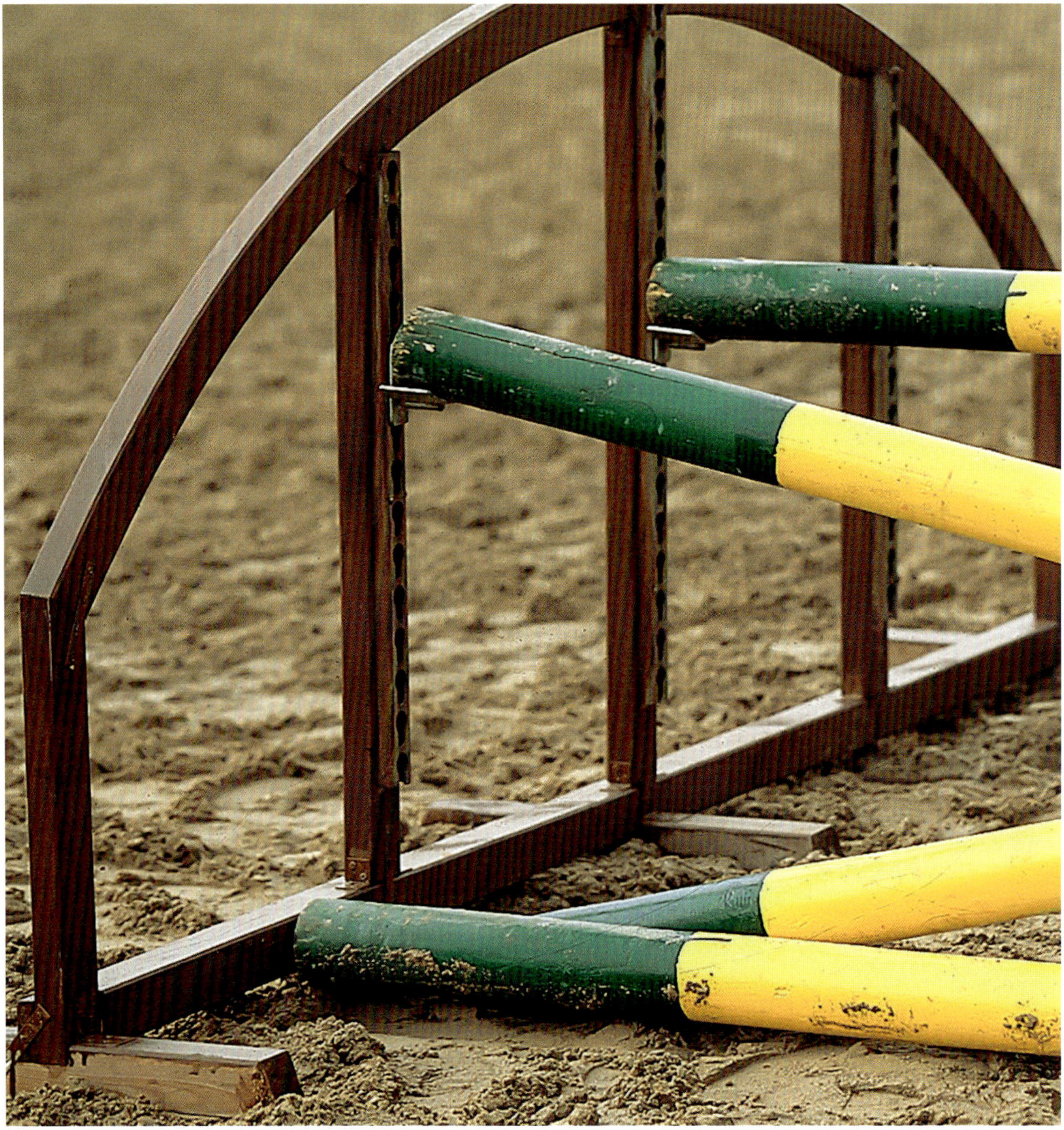

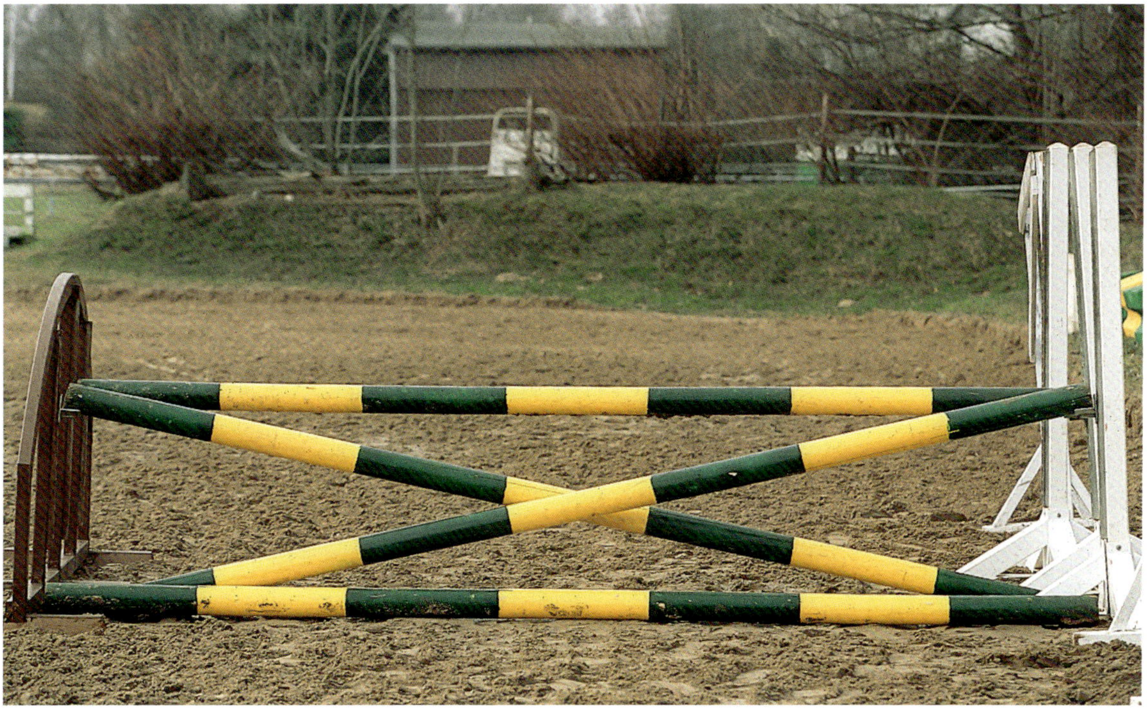

Das Kreuz wirkt einladend und hält das Pferd dazu an, das Hindernis in der Mitte zu springen.

Die Fänge an der äußeren Seite verhindern das Vorbeilaufen. Der Sprung kann als Steilsprung, Oxer und Triplebarre aufgebaut werden.

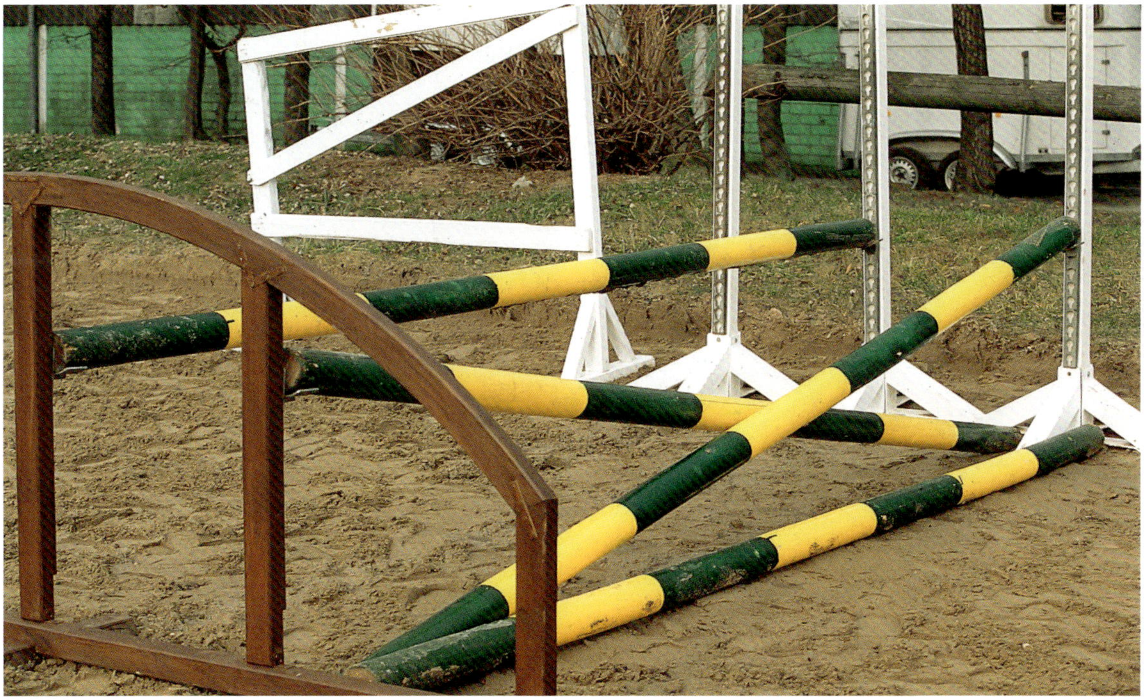

11.4 Erstes Springen eines jungen Pferdes an der Doppellonge

Wenn man davon ausgeht, dass ein Pferd mit der Bodenrickarbeit vertraut ist, gestalten sich die ersten Springübungen in der Regel problemlos.

Wichtig!
Um das Vertrauen des Pferdes zur Ausbildung zu erhalten, dürfen die Anforderungen nur allmählich gesteigert werden. Übertriebener Ergeiz kann schnell zu schweren Rückschlägen führen. Gerade hier bedeutet weniger mehr.

Das Ablongieren und Lösen sollte neben dem Sprung erfolgen. Zum Aufbau empfiehlt sich ein Kreuz von circa 30 Zentimeter Höhe. Das Kreuz veranlasst das Pferd, über die Mitte des Sprunges zu springen.

Zunächst muss das Pferd von einem Helfer an den Sprung herangeführt werden, um ihm den kleinen

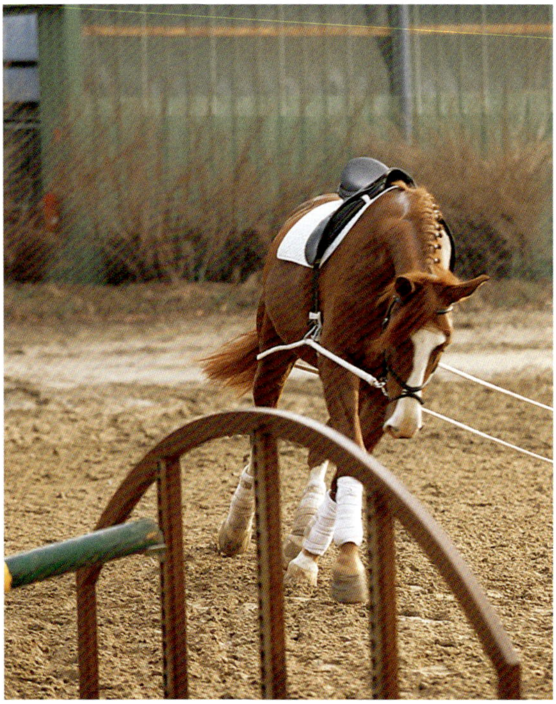

Das Pferd wird neben dem Sprung gelöst. So kann es sich bereits mit dem Hindernis vertraut machen. Wird ein Pferd nach dem Sprung heftig, longiert man daran vorbei, bis Losgelassenheit und Gehorsam wieder hergestellt sind.

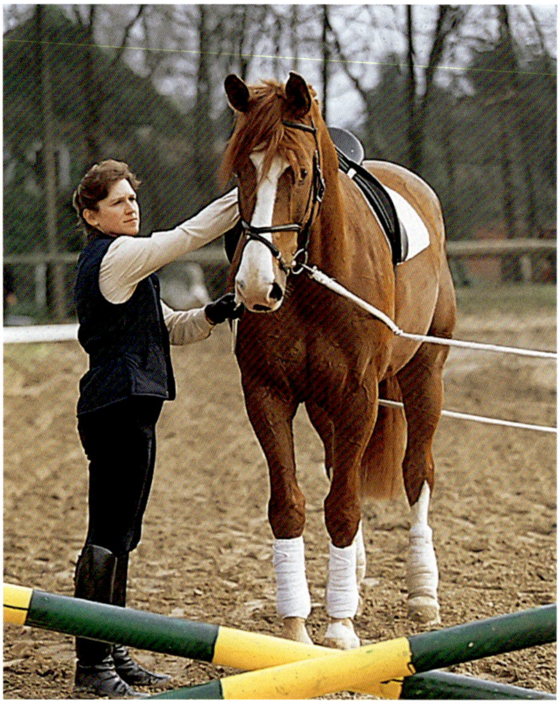

Vor dem ersten kleinen Sprung wird das Pferd von der Helferin an den Sprung herangeführt und bleibt einen Moment ruhig stehen.

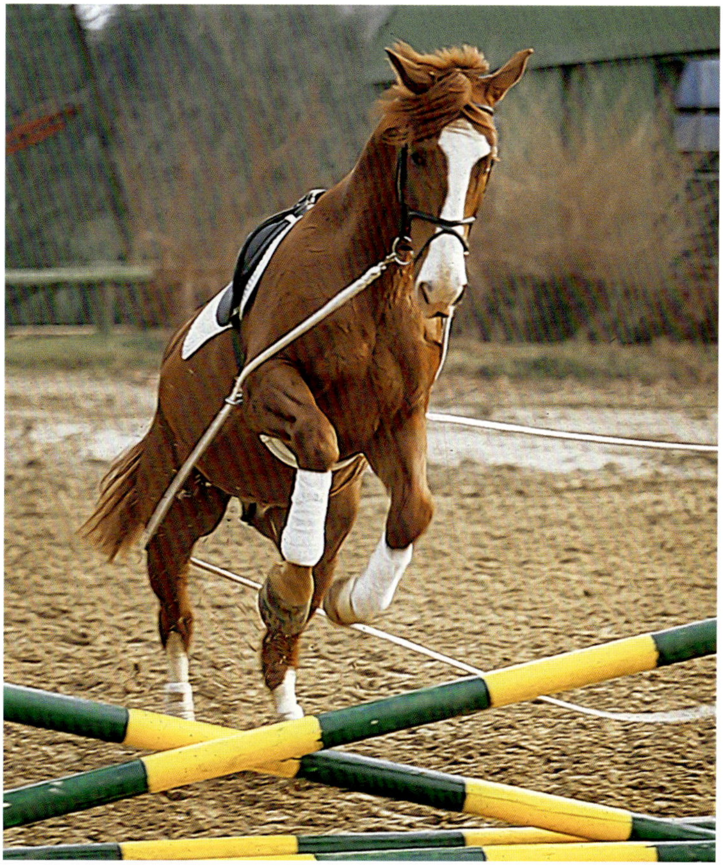

Das Pferd zeigt sich beim ersten Sprung sehr willig, das Überspringen wird sich sehr bald geben.

Sprung zu zeigen. Anführen und Zeigen des Hindernisses fördert das Vertrauen des Pferdes zum Springen.

Dann muss der Longenführer mit Geschick und Ruhe das Pferd an den Sprung heranlongieren. Das weite Nachgeben ist besonders wichtig, um das Pferd in der Sprungbewegung nicht zu behindern. Anschließende Spannungen nach den ersten kleinen Sprüngen sind vollkommen normal.

Wird ein Pferd heftig, longiert man es am Sprung vorbei, bis der Gehorsam und die Ruhe wiederhergestellt sind. Überwindet das Pferd einen kleinen Sprung problemlos, kann etwas erhöht werden.

Mit einem **harmonischen Abschlusssprung** sollte der Longenführer zunächst zufrieden sein.

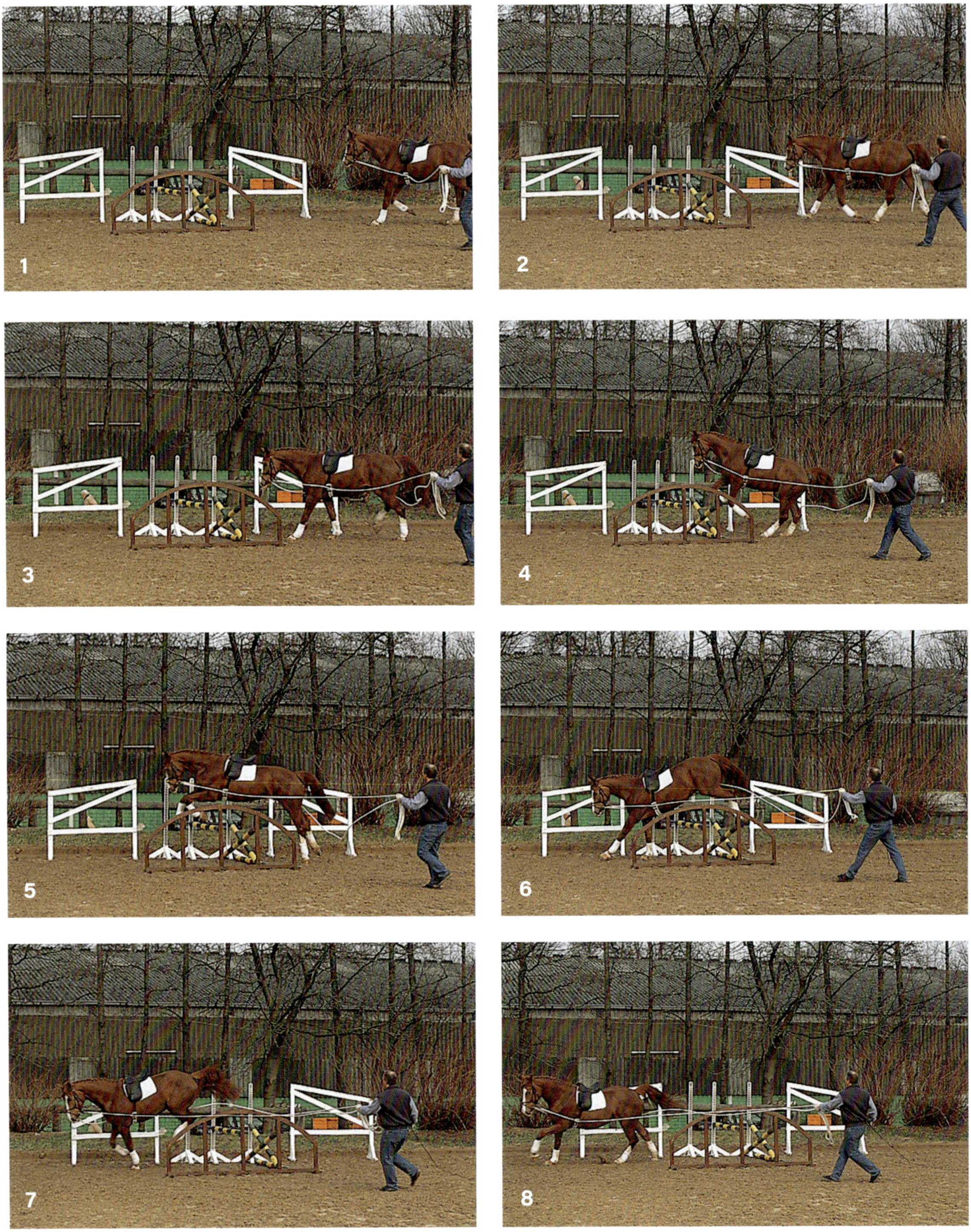

Sprungserie: Der Longenführer zeigt die Führung der Longe bei einem Pferd, das im Springen an der Doppellonge noch keine Routine hat. Durch diese Vorgehensweise gelingt das Springen auf Anhieb.

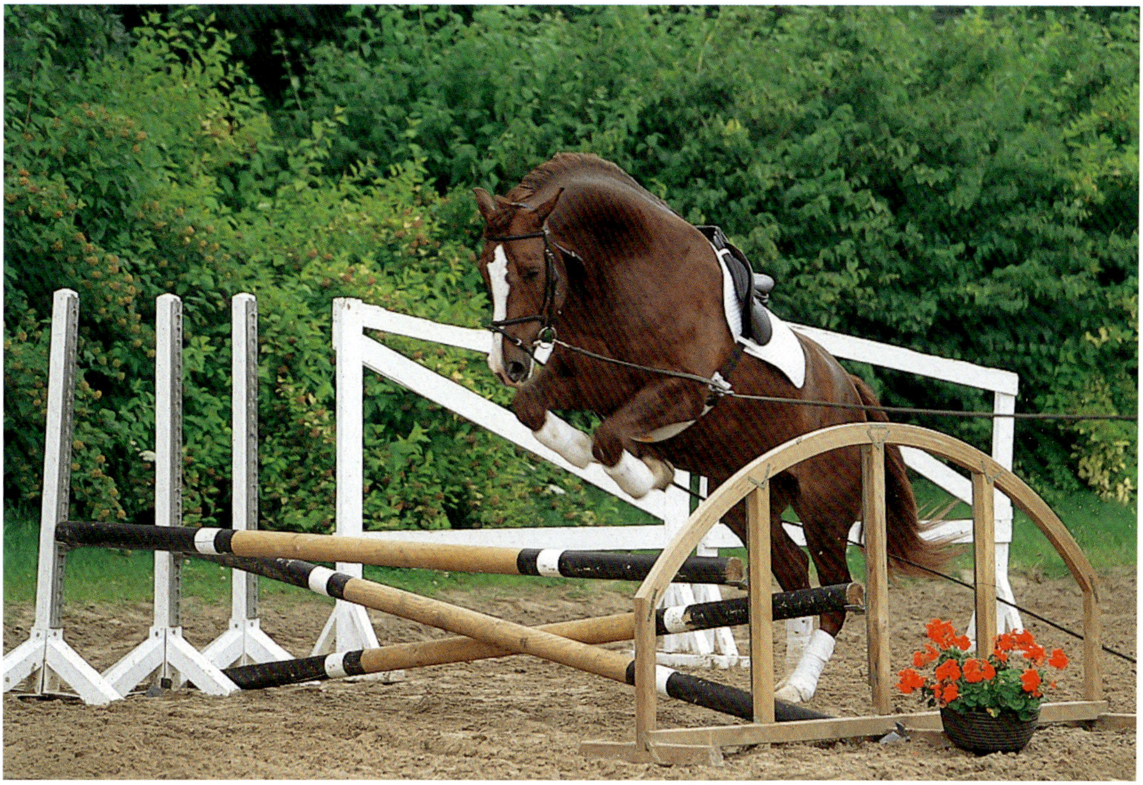

Gymnastikspringen: Bei diesem kleinen Sprung zeigt das Pferd eine optimale Springmanier. Die Bascule und die Beintechnik sind fast vorbildlich.

11.5 Möglichkeiten eines Springtrainings

Grundsätzlich soll die Arbeit auf beiden Händen ausgeführt werden. Es sollte auf der Hand begonnen werden, auf der es dem Pferd leichter fällt. Für den Erfolg der Arbeit muss nach dem Grundsatz vorgegangen werden:

Vom Leichten zum Schweren
und
vom Bekannten zum Neuen

Wenn das Springen als Abwechslung im Ausbildungsprogramm beziehungsweise zum Lösen eingesetzt wird, kommt es hierbei nicht auf die Höhe, sondern auf ein harmonisches Erfüllen der Aufgabe an.

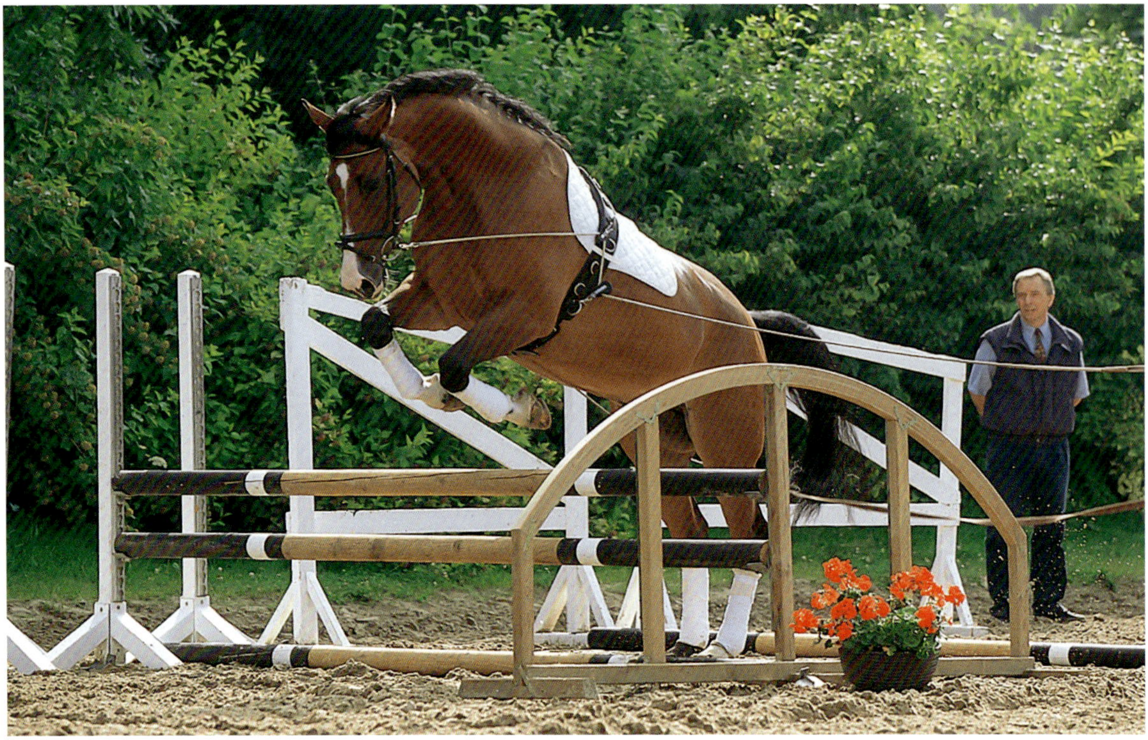

Vorgelegte Trabstange zum Springen aus der Ruhe und der Verbesserung der Technik der Vorderbeine

In den Übungsstunden könnten beispielsweise folgende Elemente aufgebaut werden – je nach Talent des Pferdes können die Anforderungen etwas gesteigert werden:

- **Kreuz** aus dem Trab, Höhe circa 30 bis 40 Zentimeter – mit oder ohne Trabstange, Entfernung zum Kreuz 2,00 bis 2,20 Meter

- **Kleiner Steilsprung** aus dem Trab, Höhe circa 60 bis 80 Zentimeter – mit oder ohne Trabstange

- **Kleiner Oxer** aus dem Trab, Höhe circa 60 Zentimeter

- Springen von Steilsprüngen und Hochweitsprüngen aus dem Galopp; der Longenführer muss auf ein gleichmäßiges, rhythmisches Grundtempo achten.

Sollen Pferde gezielt im Springen gefördert werden, bietet die Doppellonge eine große Variation von Möglichkeiten an. Aufbauend auf den Grundübungen, liegt es

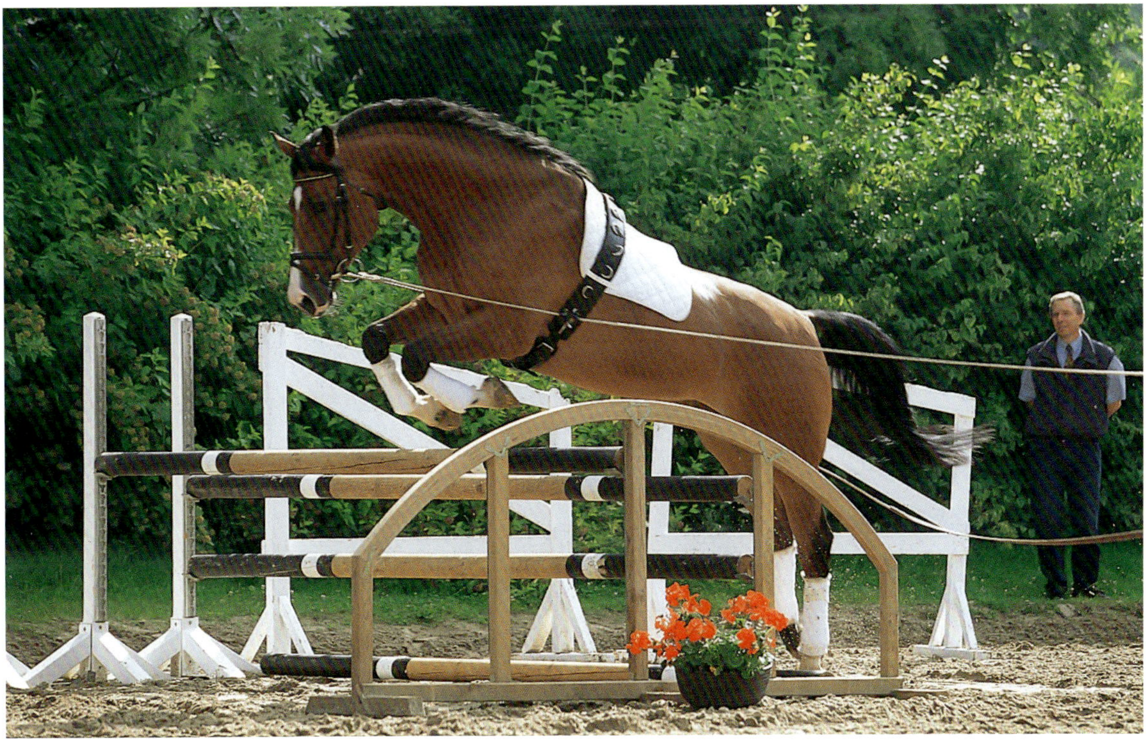

Aus dem Galopp kommend kann sich das Pferd vertrauensvoll fliegen lassen.

im Ermessen des Ausbilders, Springmanier und Bascule des Pferdes zu verbessern. Im Trainingsprogramm kann, durch ein entsprechendes Aufbauen der Sprünge, individuell auf jedes Pferd eingegangen werden.

Die Beintechnik und Reaktionsschnelligkeit im Vorderbein können durch Steilsprünge aus dem Trab verbessert werden.

Das „Sich-fliegen-Lassen" des Pferdes wird besonders durch den Aufbau eines Hochweitsprunges gefördert; ebenso das „Aufmachen" und die Hinterbeintechnik. Ein wesentlicher Vorteil der Doppellongenarbeit ist die Möglichkeit der sicheren Kontrolle vor und nach dem Sprung. Selbstverständlich ist das geschickte und entsprechend weite Nachgeben der Longe im Sprung.

Das Beobachten des Pferdes vor, über und nach dem Sprung wird dem Reiter und Ausbilder interessante Erkenntnisse geben. Die hier gewonnenen Erkenntnisse können, richtig umgesetzt, eine deutliche Leistungssteigerung bewirken.

11.6 Problembewältigung

Heftige Pferde

Wichtig!
Ein Reiter ist nur selten in der Lage, die Probleme, die durch sein Reiten entstanden sind, abzustellen.
Es sollte grundsätzlich ein erfahrener Springausbilder zurate gezogen werden.

Ist ein Pferd unter dem Reiter zu heftig, neigt es zum Stürmen und zu unkontrolliertem Springen, wird während des gründlichen Lösens neben dem Sprung longiert. Danach wird das Pferd, möglichst aus dem Trab an ein circa 50 Zentimeter hohes kleines Kreuz heranlongiert. Wird das Pferd hierbei heftig, longiert man erneut am Sprung vorbei, bis es wieder zur Ruhe kommt. Dieser Vorgang wird mehrfach wiederholt. Eine Vorlegestange kann auch dazu beitragen, das Pferd aus dem Trab, aus der Ruhe, springen zu lassen. Bevor es wieder aus dem Galopp kommend gesprungen wird, muss zuerst das ruhige und kontrollierte Springen aus dem Trab gefestigt sein.

Oft ist man erstaunt, wie gelassen ansonsten heftige Pferde ohne Reiter springen. Hier sollte der Reiter seine Einwirkung auf das Pferd kritisch überprüfen.

„Sauer" gesprungene Pferde

Hat ein Pferd seine Springfreude unter dem Reiter verloren, ist es sozusagen „sauer", empfiehlt sich folgende Methode:

Nach dem Lösen longiert man das Pferd über eine am Boden liegende Stange. Hierbei ist auf das Vorlassen der Nase und die Halsdehnung zu achten. Das Pferd darf nicht das Gefühl haben, gehalten oder behindert zu werden. Danach wird ein kleines Kreuz von circa 30 Zentimeter Höhe aufgebaut. Die weitere Vorgehensweise richtet sich nach dem Verhalten des Pferdes. Im Normalfall können die Anforderungen bis zu einem kleinen Sprung sehr bald gesteigert werden. Hat man das Gefühl, dass das Pferd am Sprung wieder anzieht und vertrauensvoll springt, kann es nach mehreren Übungseinheiten an der Doppellonge auch wieder unter dem Reiter gesprungen werden. Hierbei sollten die Anforderungen zunächst sehr gering gehalten werden.

12 Korrektur von Pferden mithilfe der Doppellonge

Die Ursachen, weshalb ein Pferd ein Korrekturpferd ist oder wird, können sehr unterschiedlich sein, zum Beispiel:

1.) Fehler im Exterieur:

- Gebäudefehler wie zu tief angesetzter und falsch bemuskelter Hals, Ganaschenprobleme, steile Hinterhand, überbaut, usw.

2.) Fehler im Interieur:

- Mangelnde Leistungsbereitschaft, ausgeprägte Persönlichkeit – das Pferd ist nicht bereit sich unterzuordnen, Temperaments- und Charakterfehler

3.) Fehler des Reiters

- fehlerhaftes Anreiten
- unsachgemäße Ausbildung
- unqualifiziertes Reiten, wenn zum Beispiel der Reiter nicht in der Lage ist, das Pferd auf dem Ausbildungsstand zu halten

Wichtig!
Der Reiter oder Fahrer, bei dem ein Problem aufgetreten ist, wird selten in der Lage sein, dieses bei dem Pferd wieder abzustellen.

Falsche Hilfengebung wird oft, wenn auch unbewusst, das Problem ausgelöst haben. Bei solchen Fehlern kann trotz größter Bemühungen meist keine Verbesserung eintreten, wenn die Ursachen gleich bleiben. Am wirksamsten ist es hier, das Pferd von einem erfahrenen Ausbilder wieder auf den richtigen Weg bringen zu lassen. Dies sollte möglichst bald geschehen, denn wenn zum Beispiel ein Zungenfehler nachhaltig auftritt und bereits Gewohnheit ist, wird es kaum möglich sein, diesen überhaupt wieder zu korrigieren.

Wichtig!
Bei allen Problemen, die ein Pferd hat, sei es physischer oder psychischer Natur, kommt es darauf an, das Pferd zum Ausgangspunkt der Ausbildung, das heißt zur Losgelassenheit und zum Mitmachen, zu bringen.

Darüber hinaus sollte man sich bemühen, die eigene Einwirkung zu verbessern. Hierzu eignet sich am besten qualifizierter Unterricht.

Zur Arbeit mit Korrekturpferden ist die Doppellonge hervorragend geeignet.

Besonders Pferde, die von der Persönlichkeit sehr stark sind, lernen, sich hierbei unterzuordnen und den Menschen als den Ranghöheren zu akzeptieren. Bei Hengsten liegt es in der Natur des Pferdes, dominierend zu sein. Die Doppellonge bietet eine Möglichkeit, ohne großen Aufwand, ohne Streitigkeiten mit dem Pferd und gefahrlos die Rangordnung zugunsten des Menschen zu klären.

Wichtig!
Vor Korrekturmaßnahmen, gleich welcher Art, muss sichergestellt sein, dass keine gesundheitlichen Probleme die Ursache für dieses Verhalten sind.

Ausbildungsmängel, Temperamentsfehler, Widerstände, Ungehorsam und Spannungen können, wenn man das nötige Geschick hat, mithilfe der Doppellonge abgebaut, beziehungsweise verbessert werden (das gilt besonders für Probleme, wie zum Beispiel Taktfehler, Fehler in der Anlehnung, Zungenfehler, Steigen, Bocken, Sattelzwang usw. ...).

Auch bei Gebäudefehlern kann man sich die Arbeit unter dem Reiter oder im Gespann erleichtern.

Die Korrektur eines Pferdes sollte nicht nur beim Reiten, sondern auch an der Doppellonge grundsätzlich von einem erfahrenen Ausbilder vorgenommen werden.

Gerade bei Korrekturpferden muss der Longenführer – aufgrund seiner besonderen Fachkenntnis – in der Lage sein, die Ursache des Problems zu erkennen und durch geschickte Longenarbeit versuchen, diese abzustellen.

Hier sind Geduld und viel Einfühlungsvermögen, jedoch auch Konsequenz und Sicherheit in der Handhabung der Longe gefragt.
Bevor man die Arbeit unter dem Reiter oder im Gespann fortsetzt, sollten sich bei der Longenarbeit die typischen Merkmale der Losgelassenheit zeigen.
Durch dieses Vorgehen kann eine Basis geschaffen werden, auf der wieder aufgebaut werden kann.

Selbstverständlich sind von der Arbeit mit der Doppellonge keine Wunder zu erwarten. Es wäre zu einfach zu meinen, dass man mit der Doppellonge durch ein- bis zweimaliges Longieren einen bedeutenden Erfolg erreichen könnte. Je nach Problem des Pferdes dauert eine solche Korrekturmaßnahme oft Wochen und Monate. Die begleitende Arbeit mit der Doppellonge wird, unter Umständen auch noch später über die eigentliche Korrektur hinaus, sehr sinnvoll und eventuell sogar erforderlich sein.

Beispiel:

„Aus meiner Erfahrung heraus kann ich von einem sehr schwierigen, aber talentierten Pferd berichten, bei dem die Korrektur circa 6 Monate dauerte. Das Pferd war von der Persönlichkeit sehr stark, zeigte anfangs wenig Leistungsbereitschaft und versuchte sich den Hilfen des Reiters durch Widerstände, Bocken und Steigen zu entziehen. Es hatte zunächst einen stark ausgeprägten Unterhals und war insgesamt schlecht bemuskelt. Die Bewegungen im Trab waren kurz und eilig, der Schritt hinten nicht immer gleichmäßig. Dies waren insgesamt typische Anzeichen für Rückenprobleme, zumal das Pferd wenig Elastizität zeigte und den Reiter schlecht sitzen ließ.

Um keine unnötigen Risiken für Reiter und Pferd einzugehen und die Ursachen der Probleme abzustellen, wurde das Pferd zunächst betont über den Rücken in die Tiefe longiert. Nachdem sich das Pferd an der Doppellonge losgelassen und gehorsam zeigte, konnte mit den Vorübungen zur Arbeit an der Hand begonnen werden. Zu diesem Zeitpunkt – nach circa 10 Wochen – konnte man bereits deutlich eine Verbesserung der Oberlinie und eine Entwicklung der richtigen Muskulatur erkennen. Die Bewegungen wurden elastischer und raumgreifender. Bei den Vorübungen an der Hand wurde vor allem auf einen sicheren Gehorsam Wert gelegt und durch viel Lob dem Pferd die Richtigkeit seiner Reaktionen klargemacht.

Beim Erarbeiten der Lektionen an der Doppellonge (ganze Paraden, Schritt/Galopp und Galopp/Schritt) wurde das Pferd immer durchlässiger und die Arbeitsbereitschaft nahm ständig zu. Nach circa 4 bis 5 Monaten war die Handarbeit so weit fortgeschritten, dass über halbe Tritte Ansätze zur Piaffe und Passage erkennbar waren. Dies trug deutlich zum muskulären Aufbau bei. Wobei die einzelnen Übungseinheiten bei der Arbeit am langen Zügel sehr kurz, jedoch regelmäßig stattfanden.

Bei der versammelnden Arbeit stand die Zwanglosigkeit im Vordergrund. Aufgrund dieser Arbeit wurde das Pferd so weit gefördert, dass sich die physischen und psychischen Voraussetzungen für die Ausbildung unter dem Reiter enorm verbesserten. Das Pferd, welches zuerst blockierte und als mehr oder weniger unreitbar galt, war wieder auf dem richtigen Weg und zeigte sich als angenehm zu reitendes Pferd. Selbstverständlich wird die Ausbildung unter dem Reiter auch weiterhin durch die Arbeit an der Doppellonge unterstützt.

Die Arbeit mit diesem Pferd zeigte ganz besonders deutlich, dass mit der Doppellonge vor allem eine schonende Korrektur von Problempferden gut möglich ist."

Wenn es auch oft viel Geduld und Durchhaltevermögen erfordert, Korrekturpferde auf den richtigen Weg zu bringen, so zeigt sich doch immer wieder, dass gerade Pferde, die in gewissen Ausbildungsphasen zu Widerständen neigen, weiter ausgebildet ausgesprochen leistungsfähige Pferde sein können.

13 Einsatz der Doppellonge bei Pferden mit gesundheitlichen Problemen

Es gibt eine Vielzahl von Krankheiten, bei denen das Pferd bewegt oder gearbeitet werden muss, jedoch nicht geritten werden kann. Auch in der Rekonvaleszenz muss man die Pferde oft zunächst ohne Reiter antrainieren. Hier bietet die Doppellonge sehr gute Möglichkeiten, das Pferd qualifiziert, kontrolliert und sicher für alle Beteiligten zu bewegen sowie auch zu arbeiten.
Selbstverständlich ist, dass die Pferde mit der Doppellonge vertraut sein müssen. Es würde dem Pferd unter Umständen mehr Schaden als Nutzen bringen, wenn es beim ersten Anlongieren stürmisch reagiert.

Typische Krankheiten

Bevor man eine Therapie beginnt, muss das gesundheitliche Problem erkannt und klar diagnostiziert werden. Dies bedeutet, dass frühzeitig ein Tierarzt zurate gezogen werden muss.

Typische Krankheiten oder Probleme, bei denen der Einsatz der Doppellonge sinnvoll ist, sind zum Beispiel:

- Druckstellen oder Pilzerkrankungen im Bereich der Sattellage – wenn die Möglichkeit besteht, einen Longiergurt auflegen
- psychische Störungen
- Konditionstraining in der Rekonvaleszenz
- Rückenprobleme

Insbesondere bei Erkrankungen des Bewegungsapparates muss eine vorherige Absprache mit dem Tierarzt erfolgen.

Als sinnvolle Ergänzung zu konventionellen Behandlungsmethoden oder eventuell sogar als wesentliche Therapiemöglichkeit bietet sich die Doppellonge bei Erkrankungen im Bereich des Rückens an. Gerade bei Rückenproblemen müssen vorher Art und Ursache ergründet und eine eventuelle medizinische Versorgung muss sichergestellt sein.

Widersetzlichkeit hat Gründe

Das Erkennen von Rückenproblemen ist jedoch nicht immer einfach, da sich Schmerzen in diesem Bereich ganz unterschiedlich zeigen – und selten auf den ersten Blick mit dem Rücken in Verbindung gebracht werden.

Oft werden Pferde, die aufgrund von Rückenproblemen nicht mehr mitarbeiten wollen oder können, als widersetzlich eingestuft und teilweise leider mit groben Hilfen, scharfen Gebissen oder Hilfszügeln zur Arbeit gezwungen, nach dem Motto: „Da muss er durch!"
Jeder Reiter/Ausbilder sollte sich bei auftretenden Problemen Gedanken über die Psyche und den Gesundheitszustand des Pferdes machen und versuchen, der Ursache auf den Grund zu gehen und Abhilfe zu schaffen.

13.1 Der Rücken als Bewegungszentrum

Der Rücken ist das Bewegungszentrum des Pferdes. Die Begriffe Reinheit der Gänge, Losgelassenheit, Zwanglosigkeit, Genicknachgiebigkeit, Selbsthaltung, Schwung, Elastizität, Geraderichtung, Versammlung, Schub-, Trag-, Feder- und Schnellkraft hängen alle von einem schwingenden Rücken ab. Damit ist er Voraussetzung für die gesamte Leistungsfähigkeit des Pferdes.

Wird das Problem nicht rechtzeitig erkannt, kann dies zu massiven Schmerzen und im schlimmsten Fall – durch irreparable Veränderungen an der Wirbelsäule – zur Unbrauchbarkeit des Pferdes führen.

13.2 Die Konstruktion des Rückens

Die negativen Auswirkungen eines nicht erkannten Rückenproblems werden verständlich, wenn man die Konstruktion des Rückens einmal genauer betrachtet.

Der Rücken bildet eine Brücke zwischen Vor- und Hinterhand. Man nennt sie Wirbelbrücke, da sie aus vielen einzelnen Wirbeln besteht. Alle diese Wirbel haben aufsteigende Dornfortsätze von verschiedener Länge und Richtung. Am längsten sind sie im Widerristbereich. Die vorderen Dornfortsätze sind nach hinten gerichtet, die hinteren nach vorn.

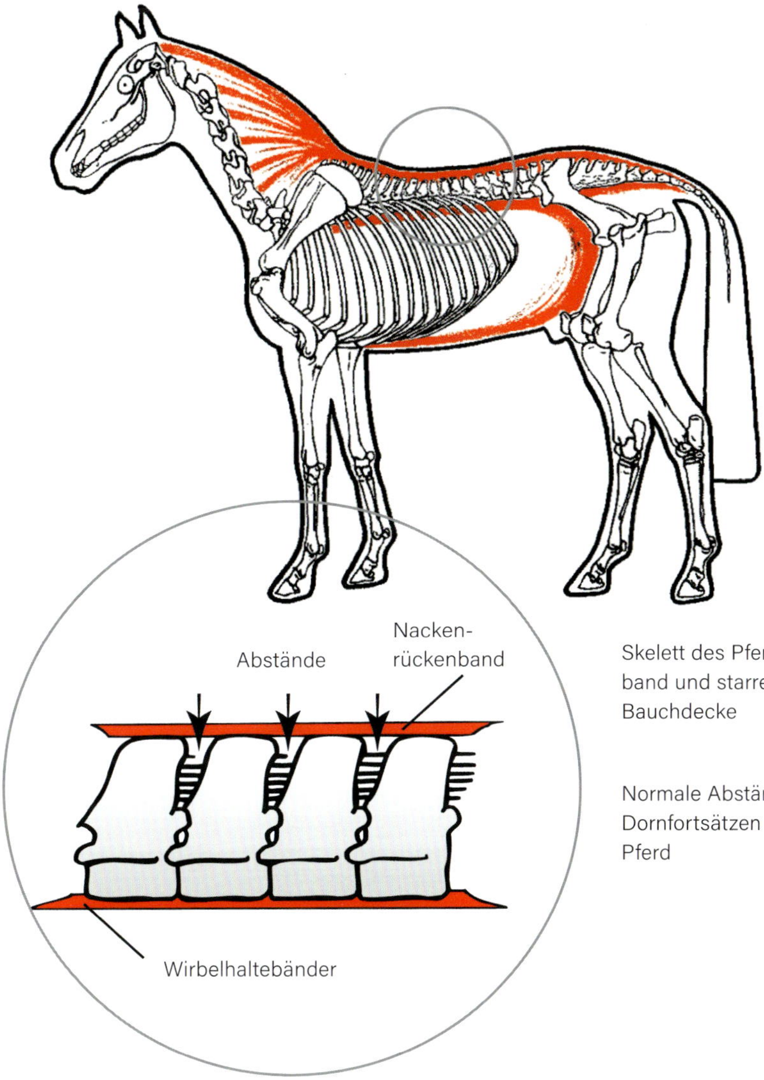

Skelett des Pferdes mit Nackenrückenband und starrer Sehnenmasse der Bauchdecke

Normale Abstände zwischen den Dornfortsätzen bei einem gesunden Pferd

Sie alle werden durch das sehnige Rückenband miteinander verspannt, aus dem zum Kopf hin das Nackenband mit seiner Halswirbelplatte hervorgeht.

Das Nackenrückenband bildet die obere Verspannung der Wirbelbrücke. Die untere Verspannung der Wirbelbrücke wird durch die vom Brustbein zum Schambeinrand des Beckens ziehenden starren Sehnenmassen der Bauchdecke gebildet, die in der Mittellinie zur weißen Linie verschmolzen sind.

Beiderseits der Nackenbandplatte liegen zwei Gruppen Nackenmuskeln. Sie sind Träger des Kopfes oder Träger des Halses und wirken in derselben Zugrichtung wie das Nackenband. Dehnt das Pferd den Hals nach vorn, üben Nackenmuskeln und Nackenband eine Zugwirkung aus und die Dornfortsätze des Widerristes werden aufgerichtet. Diese Zugwirkung wird auf das Rückenband übertragen und vom viel gespaltenen Querdornmuskel unterstützt. Daher müssen alle Rücken- und Lendenwirbel nach vorn oben folgen, das heißt, der Rücken wird aufgerichtet.
Mit diesem Kopf-Hals-Hebel balanciert das Pferd den Rücken aus, insbesondere bei der Lastaufnahme, und hält somit die Muskelgruppen des Rückens und der Kruppe für ihre ureigenste Tätigkeit, die Fortbewegung, frei. Unterstützt wird dieses Aufwölben durch die untere Verspannung der Wirbelbrücke und den geraden Bauchmuskel.

Wölbt das Pferd, aus welchen Gründen auch immer, den Rücken nicht auf, kann es durch die Belastung des Reitergewichts zu Verspannungen und Entzündungen der Rückenmuskulatur und als weitere Folge zum Durchsacken der Wirbelsäule kommen.

13.3 Symptome

Da ein Pferd leider nicht sagen kann, ob und wo es Schmerzen hat, sollte derjenige, der mit dem Pferd arbeitet, sei es Ausbilder, Reiter oder Fahrer, alle Anzeichen, die nicht normal erscheinen, registrieren. Es ist unbedingt notwendig, auftretende Rückenprobleme rechtzeitig zu erkennen.

Nachfolgend ist eine beispielhafte Aufzählung von 20 Symptomen, die auf Rückenprobleme hinweisen können, aufgeführt:

- Überempfindlichkeit beim Putzen und Abtasten des Rückens
- Abneigung gegen das Satteln (Beißen und Schlagen)
- Nicht-stehen-Bleiben und Spannungen beim Aufsitzen („in die Knie gehen")
- Wegdrücken des Rückens unter dem Reiter
- deutliche Mängel in der Losgelassenheit
- das Pferd geht über dem Zügel, gegen die Hand, Kopfschlagen
- Unzufriedenheit des Pferdes, Anlegen der Ohren
- schlechte Maultätigkeit, Knirschen, Hochziehen der Zunge
- Widersetzlichkeiten, Steigen

- Pferd geht durch, Buckeln, Bocken
- Bewegungen sind klamm
- unregulierter Bewegungsablauf
- Das Pferd geht kurz-lang.
- Lahmheiten aller Art
- ständiges Umspringen in den Kreuzgalopp
- einseitige Festigkeit, Mängel in der Längsbiegung
- unnormale Reaktionen
- plötzliches Blockieren auf Hilfen
- Mängel in der Durchlässigkeit
- Mängel in der Versammlungsbereitschaft

Kommt man zu dem Schluss, dass ein Pferd Probleme im Rücken hat, muss nach der Ursache geforscht werden.

13.4 Ursachen

Die Ursachen der Rückenprobleme können in völlig verschiedenen Bereichen liegen und sehr unterschiedlicher Natur sein. Lahmheiten aller Art, Gelenkschäden, Hufrollenentzündungen, Spat und Knieprobleme, insbesondere Zahnprobleme – die dazu führen, dass das Pferd gegen die Hand geht und den Rücken wegdrückt – können zu schmerzhaften Verspannungen der Rückenmuskulatur führen.

Auch falsch verpasste Sättel und unpassende Trensen können diese Wirkung haben.

Ebenfalls müssen die bisherige Ausbildung des Pferdes sowie die korrekte Einwirkung von Reiter oder Fahrer beziehungsweise des Longenführers überprüft werden.

Ein häufiger Grund für Rückenprobleme bei jüngeren Pferden ist das zu forcierte Reiten. Ein Pferd ist erst mit gut 6 Jahren ausgewachsen, das heißt in seiner körperlichen Entwicklung abgeschlossen. Gerade
4- bis 6-jährige Pferde, die viel Talent haben, werden mitunter aus falschem Ehrgeiz mit einer fehlerhaften Aufrichtung – der absoluten Aufrichtung – geritten, die in keiner Weise dem Untertreten in Richtung Schwerpunkt entspricht. Die Folgen sind zum Beispiel der weggedrückte Rücken, Spanntritte im Trab, Taktfehler im Schritt, schleppender Galopp und falsch entwickelte Muskulatur.

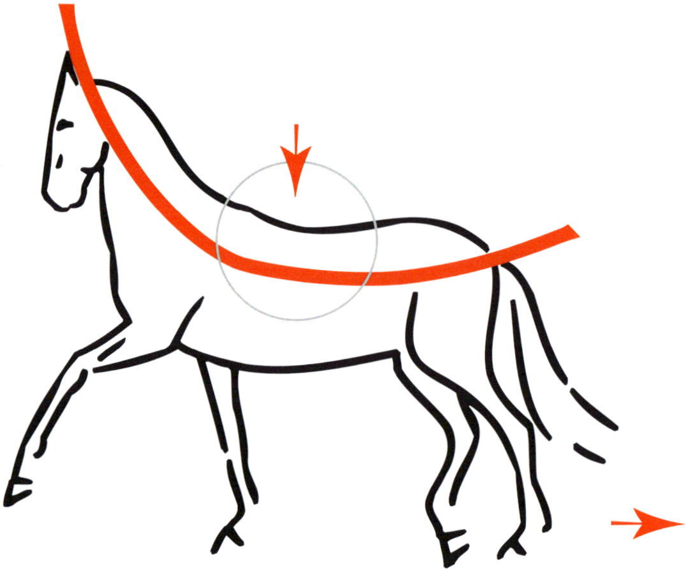

Durch forciertes Reiten junger Pferde in absoluter Aufrichtung kann durch Durchsacken der Wirbelsäule das sogenannte Kissing-Spines-Syndrom entstehen.

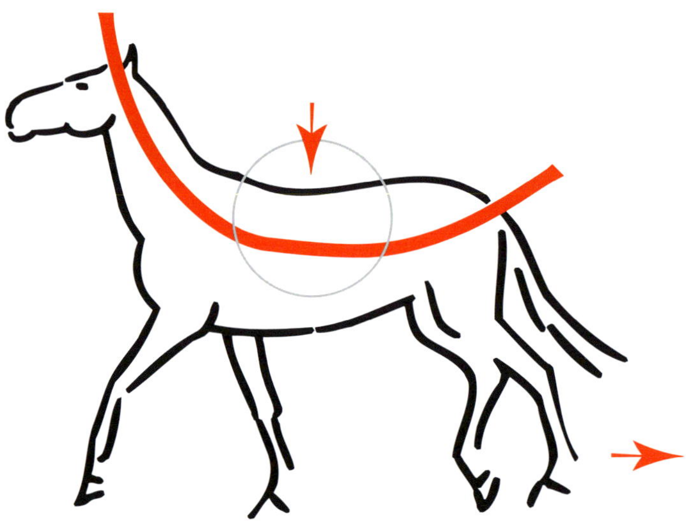

Wenn ein Pferd, aus welchen Gründen auch immer, in dieser Form und Haltung geritten wird, sackt der Rücken nach unten durch.

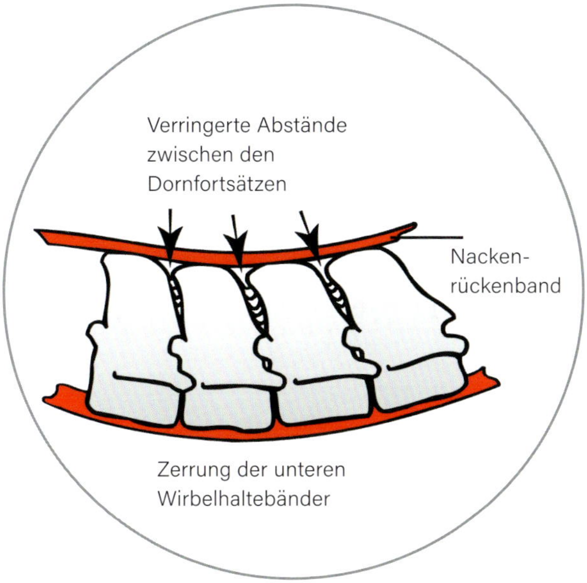

Bei Berührung der Dornfortsatzspitzen (Kissing Spines) werden Wirbel und verbindende Bänder oben gestaucht sowie an der Unterseite auseinandergezogen und gezerrt. Die Reibung der Wirbelkörper ist für das Pferd äußerst schmerzhaft, bei Brückenbildung in fortgeschrittenem Stadium ist die Beweglichkeit im Rückenbereich stark eingeschränkt.

13.5 Wirkungsweise der Doppellonge

Damit die Behandlung und Therapie auf Dauer Erfolg hat, muss auf jeden Fall sofort die Ursache für das Rückenproblem abgestellt werden.

Wichtig!
Eine richtig durchgeführte Therapie an der Doppellonge kann wesentlich zur Aufwölbung des Rückens und damit zur Lockerung, Dehnung und Kräftigung der Rückenmuskulatur beitragen.

Die Doppellongenarbeit kann – nach Absprache mit dem Tierarzt – dabei helfen, das Pferd in eine äußere Form zu bringen, in der es den Rücken wieder aufwölben kann (Dehnungshaltung). Dies ist bei einem bereits geschädigten Pferd oft nur ohne Einfluss des Reitergewichtes möglich. Dadurch, dass bei der Verwendung der Doppellonge keine Hilfszügel die Bewegungsfreiheit des Halses einschränken, kann der Longenführer je nach Bedarf dem Pferd die notwendige Dehnung gestatten. Häufiges Wechseln der Hand wirkt einseitigen Verspannungen entgegen und fördert eine symmetrische Entwicklung der Muskulatur.

Damit Rückenprobleme erst gar nicht entstehen, sollte ein Pferd grundsätzlich so gearbeitet werden, dass der Rücken sich immer aufwölben kann.

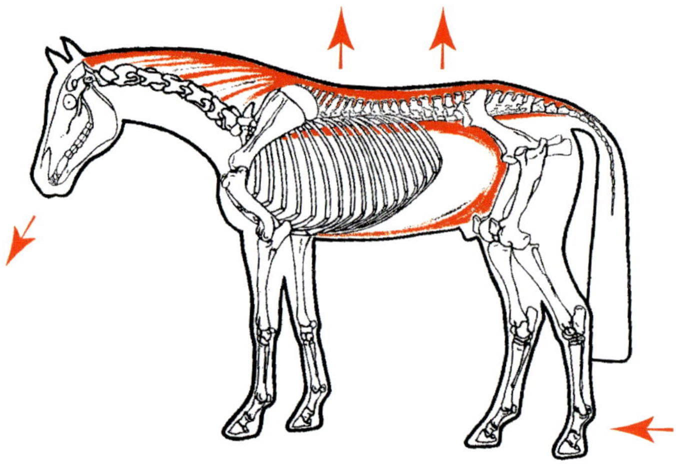

Durch die Dehnung des Halses nach vorwärts-abwärts veranlasst das Nackenband ein Aufrichten der Dornfortsätze und wölbt damit den Rücken auf; besonders dann, wenn die Hinterhand vermehrt aktiviert wird.

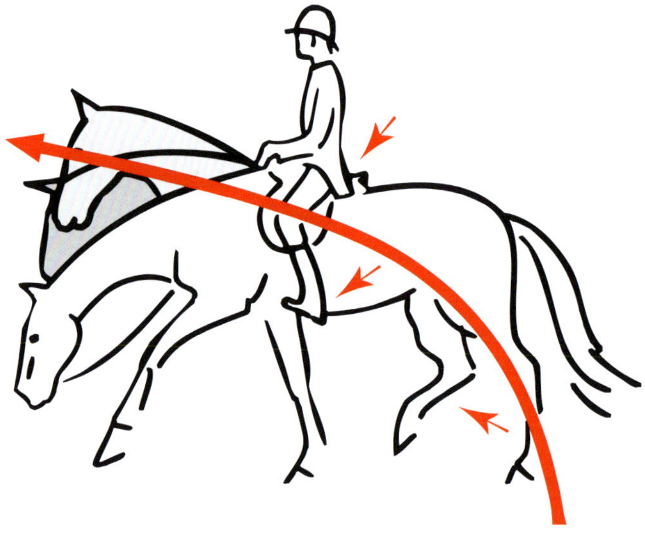

Durch die treibende Einwirkung des Reiters aktiviert, geht das Pferd dynamisch, schwungvoll und „bergauf". Hierbei ist der Reiter jederzeit in der Lage, das Pferd „über den Rücken" zu reiten und die Zügel aus der Hand kauen zu lassen.

Dies bedeutet, dass junge Pferde und alle Pferde in der Lösungsphase zum Dehnen der Oberlinie gebracht werden sollten. In der weiteren Ausbildung müssen Schub-, Trag- und Federkraft über den schwingenden Rücken korrekt entwickelt werden.

14 Die Erarbeitung von Piaffe und Passage

Wie im Kapitel über die weiterführende Arbeit beschrieben, sollte ein Pferd für die versammelnde Arbeit am langen Zügel vorbereitet sein.

Im fortgeschrittenen Bereich können die Übergänge zwischen der Arbeit mit der Doppellonge und der Arbeit am langen Zügel fließend gestaltet werden. Es ist gut möglich, ein Pferd zunächst durch Longieren an der Doppellonge zu lösen, um im Anschluss daran die Longe aufzunehmen und mit der versammelnden Arbeit am langen Zügel fortzufahren.

Wichtig!
Eine wesentliche Aufgabe des Ausbilders ist es, zu erkennen, wo die Grenzen des Pferdes bei der Erarbeitung von Piaffe und Passage liegen.

Bei der Erarbeitung von Piaffe und Passage ist der Ausbilder sehr vom **Talent** und der **Veranlagung** des Pferdes abhängig. Dies erfordert ein individuelles Vorgehen, bei dem der Ausbilder sehr systematisch und behutsam vorgehen muss.

Der Autor bei der morgendlichen Arbeit am langen Zügel

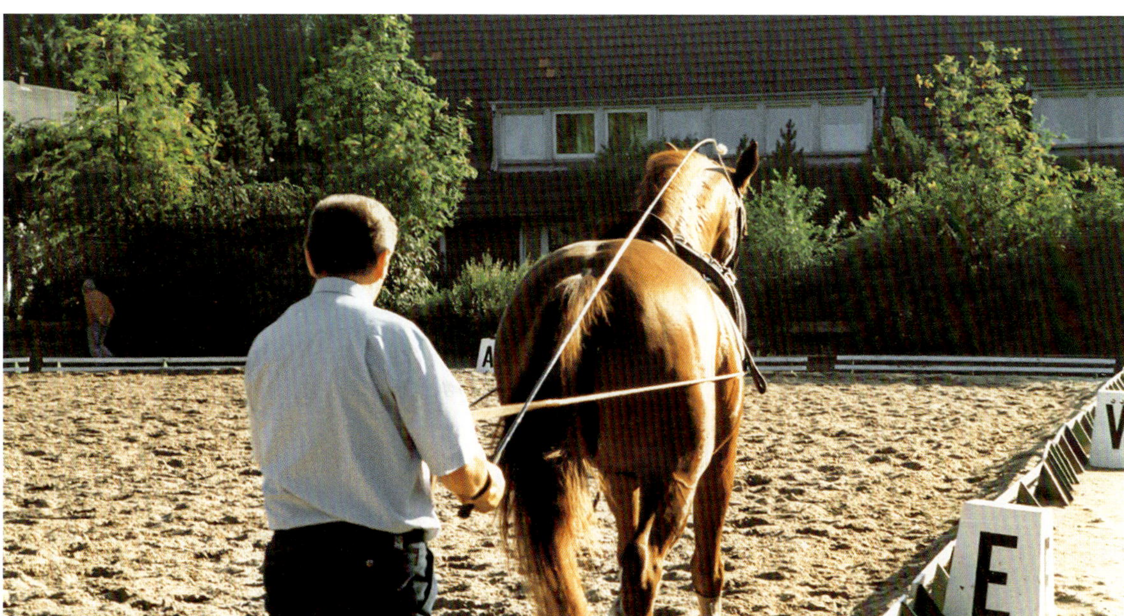

Keineswegs darf schematisch gearbeitet und versucht werden, das Pferd mit groben Hilfen zu diesen Lektionen zu zwingen. Bei Weitem nicht alle Pferde haben Talent für Piaffe und Passage.

Wie bei allen zu erarbeitenden Lektionen muss der Ausbilder eine klare Vorstellung von der optimalen Form und Ausführung haben. Die gewünschte Idealform der Piaffe und Passage ist im Aufgabenheft Reiten der Deutschen Reiterlichen Vereinigung definiert.
Unter Punkt 3.16 der Anforderungen an das Reiten in Dressurprüfungen steht hinsichtlich der Piaffe:

3.16 Piaffe
Die Piaffe ist eine trabartige, federnde Bewegung auf der Stelle. Das Pferd beugt sich dabei vermehrt in den Hanken. Zwischen dem Auffußen der jeweiligen diagonalen Beinpaare liegt ein kurzer Aushaltemoment in der freien Schwebe.
Bei elastisch federnder Rückenmuskulatur nimmt die gesenkte Hinterhand vermehrt Last auf. Das Genick bleibt der höchste Punkt. Das Pferd hebt die Unterarme maximal bis zur Waagerechten, soweit die diagonale Fußung ungestört ist, und setzt sie danach senkrecht nieder. Die Last aufnehmenden Hinterbeine fußen bis etwa in Höhe der Fesselgelenke energisch ab.
In der Piaffe wird eine vorgegebene Anzahl von Tritten auf der Stelle verlangt. Dabei muss eine Vorwärtstendenz erkennbar sein. Ein Vortritt von insgesamt ein bis zwei Hufbreit ist zulässig, in bestimmten Aufgaben auch bis zu 1 m insgesamt.

Hinsichtlich der Passage wird unter Punkt 3.17 ausgeführt:

3.17 Passage
Die Passage ist eine erhabene Trabbewegung mit geringem Raumgewinn und einem deutlichen Moment der freien Schwebe. In der

Passage wird der höchste Grad der Versammlung und der Kadenz im Trab erreicht.
Die in der Fußfolge des Trabes energisch vom Boden abfedernden Beinpaare halten die Schwebephase länger aus. Die Unterarme werden, wie bei der Piaffe, bis zur Waagerechten angehoben. Die bei gebeugten Hanken gut herangeschlossenen Hinterbeine federn die Last taktmäßig, fleißig und gerade nach vorwärts-aufwärts ab.

14.1 Die Vorgehensweise

Da die versammelnde Arbeit für das Pferd eine große Kraftanstrengung bedeutet, sollte nach der Lösungsphase direkt mit dieser Arbeit begonnen werden. Einerseits ist es notwendig – insbesondere bei einem nervigen Pferd –, dass die

Zwangloses Schreiten in leichtester Anlehnung; eine Möglichkeit, ein Pferd für die versammelnde Arbeit vorzubereiten

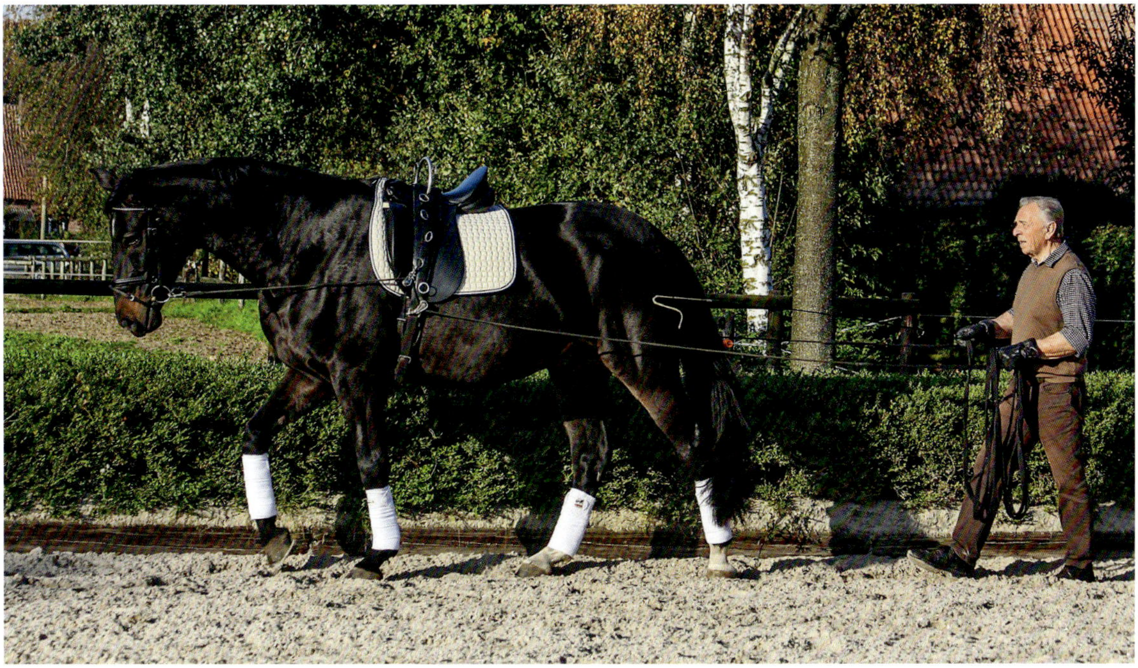

Losgelassenheit erreicht ist, andererseits müssen jedoch noch genügend **Impuls** und **Energie** vorhanden sein.

Immer erst lösen

Die Lösungsphase kann je nach Pferd unterschiedlich gestaltet werden. Das Normale wäre, ein Pferd etwa 15 Minuten mit der Doppellonge abzulongieren, bis sich die Merkmale der Losgelassenheit zeigen.
Sehr gehfreudige Pferde können auch entsprechend lange vorher geritten werden. Hier kann der Reiter vor allem das Annehmen der treibenden Hilfen fühlen und zur gegebenen Zeit mit der Arbeit am langen Zügel beginnen.

Aus der Erfahrung hat sich ergeben, dass manche Pferde das ruhige und konzentrierte Lösen im Schritt besonders gut annehmen. Hierzu geht der Longenführer gleich am langen Zügel hinter dem Pferd her. Durch zügiges Mitgehen wird das Pferd zum Schreiten und zum Dehnen gebracht. Durch genaues Anlegen von Hufschlagfiguren und ganze Paraden stellt man das Pferd an die Hilfen und bringt es in sicheren Gehorsam.

Vorsichtig einstimmen

Im nächsten Schritt geht der Longenführer mit entsprechendem Sicherheitsabstand (so weit, dass ihn ausschlagende Hufe nicht treffen können, also mindestens 2 m) hinter dem Pferd her. Zunächst wird man durch **Halten** und **Antretenlassen** im Schritt das Pferd mit dieser Arbeitsweise vertraut machen, damit es auf treibende und verhaltende Hilfen richtig reagiert. Dies dient auch zur Abstimmung der Hilfen und Verständigung zwischen Longenführer und Pferd.

Hierbei muss der Longenführer die Reaktionen auf die Handarbeitsgerte genau kennen. Selbstverständlich darf ein Pferd auf die Gerte nicht ängstlich oder panikartig reagieren. Das Pferd muss so viel Vertrauen zu dem Ausbilder haben, dass es die Gerte als **Hilfe** annimmt.

Jedes Pferd reagiert individuell auf das Anlegen der Gerte, wobei gewisse Berührungen auch reflexartige Bewegungen auslösen.

Danach können **kurze Trabreprisen** (etwa 5 bis 10 Tritte) einbezogen werden. Reagiert ein Pferd heftig, muss durch ruhiges Stehenlassen wieder Ruhe ins

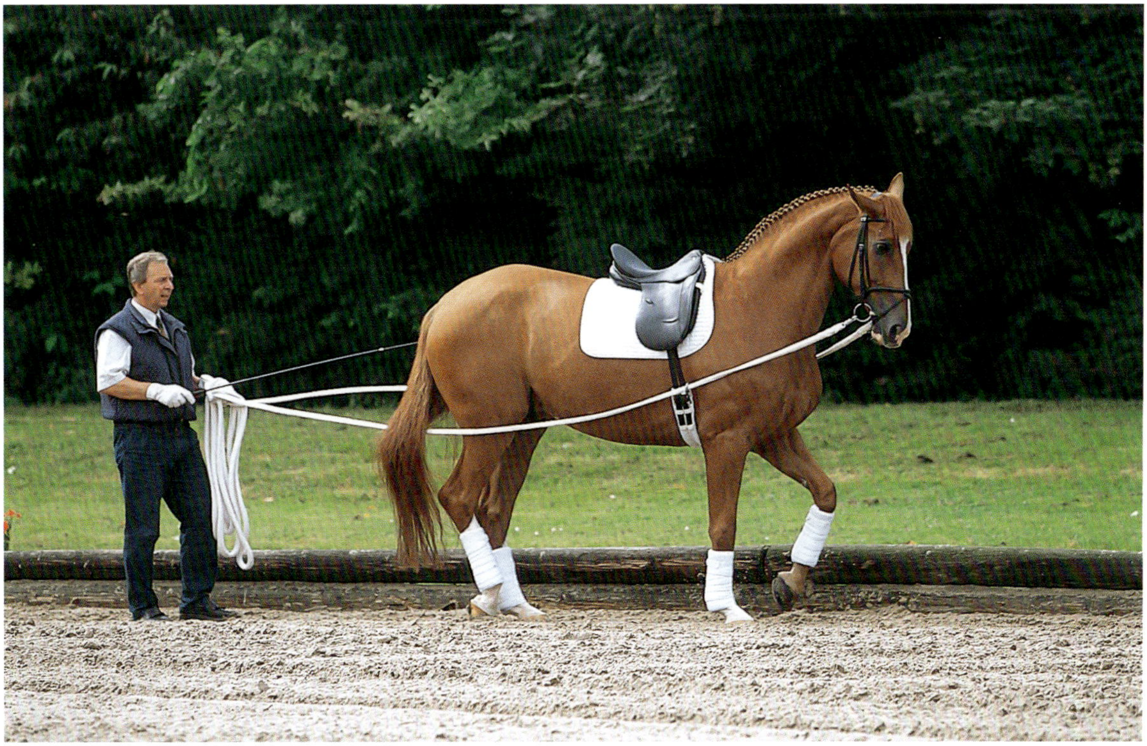

Für den Erfolg dieser Arbeit ist entscheidend, dass die Pferde in korrekter Haltung leicht in der Hand sind.

Hier noch einmal die Reflexpunkte, wie sie bereits im Kapitel über die weiterführende Arbeit beschrieben wurden.

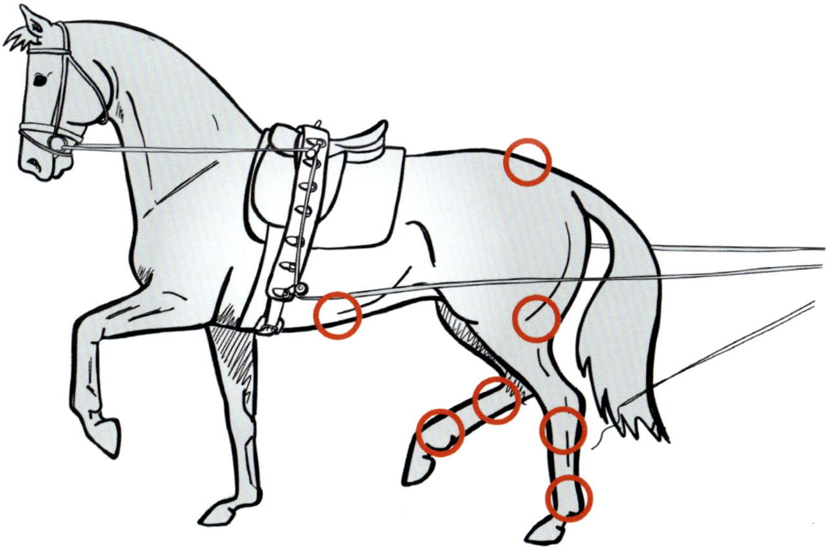

Pferd gebracht werden. Unter Umständen ist hier auch ein Rückwärtsrichten zweckmäßig.

Häufig vorkommende Fehler beziehungsweiseStörungen in dieser Phase sind:

- Eng werden im Hals
- Herausheben gegen die Longe
- Pferd kommt auf die Vorhand
- Fest werden in der Anlehnung
- Auf der Hand liegen
- Schief werden
- Verlassen des Hufschlages
- Wegspringen
- Spannungen

Hier müssen in allen Fällen bessere Voraussetzungen für die Arbeit am langen Zügel geschaffen werden – und zwar durch Festigen der Grundausbildung. Oft genügt ein längeres Lösen. Mitunter müssen die Lernschritte langsamer erfolgen oder dem Pferd muss einfach nur Gelegenheit gegeben werden, das Gelernte zu verarbeiten. Die muskuläre Entwicklung und auch die Intelligenz des Pferdes sind Faktoren, die hier mit einbezogen werden müssen.

Diese Arbeit erfordert ein sehr individuelles Eingehen auf Alter, Ausbildungsstand, Gebäude, Elastizität, Temperament, Nerven und Sensibilität des Pferdes. Aber auch das Geschick des Longenführers hat Einfluss darauf, wie lange in dieser Art und Weise gearbeitet werden muss.

Im weiteren Vorgehen werden die Trabreprisen nun unter Beibehaltung des Diagonaltritts zu halben Tritten verkürzt. Hierzu ist es notwendig, mit treibenden Gerten- und Stimmhilfen sowie mit verhaltenen Longenhilfen einzuwirken. Es ist unbedingt erforderlich, nach jeder verhaltenen Longenhilfe mit der Hand wieder leicht zu werden, da sonst der Vortritt der Hinterbeine blockiert würde. Falsch wäre es, das Pferd durch ständiges Touchieren aufzufordern; Taktstörungen und Abstumpfen sind die Folge.

Auf einen Impuls hin sollte das Pferd im Idealfalle so lange die Übung durchführen, bis der Longenführer sie bewusst beendet.

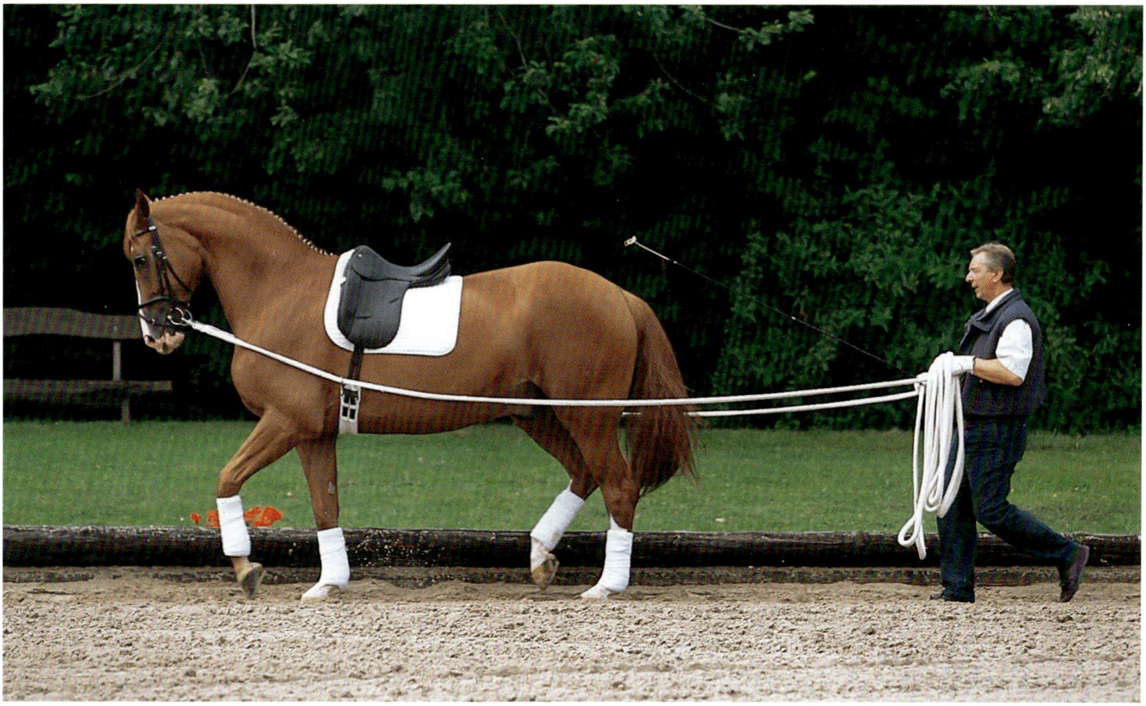

Kadenziertere Bewegungen in halben Tritten

Hier zeigen sich bereits gute Ansätze zur Piaffe. Hankenbeugung und relative Aufrichtung müssten noch mehr herausgearbeitet werden.

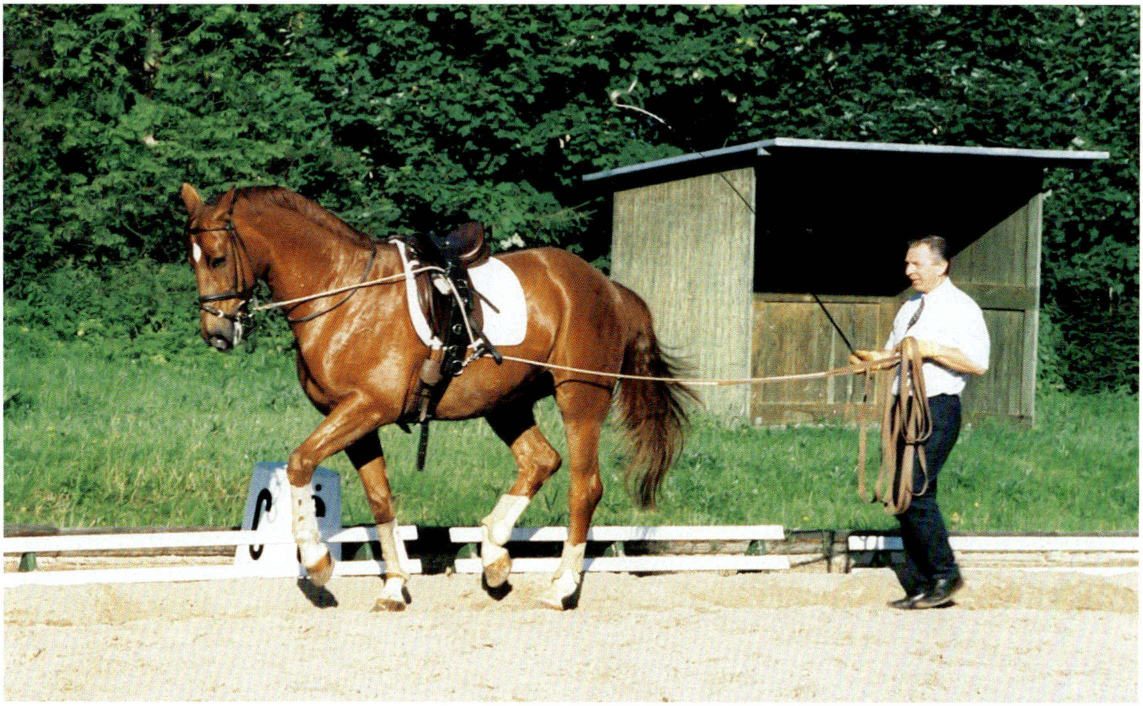

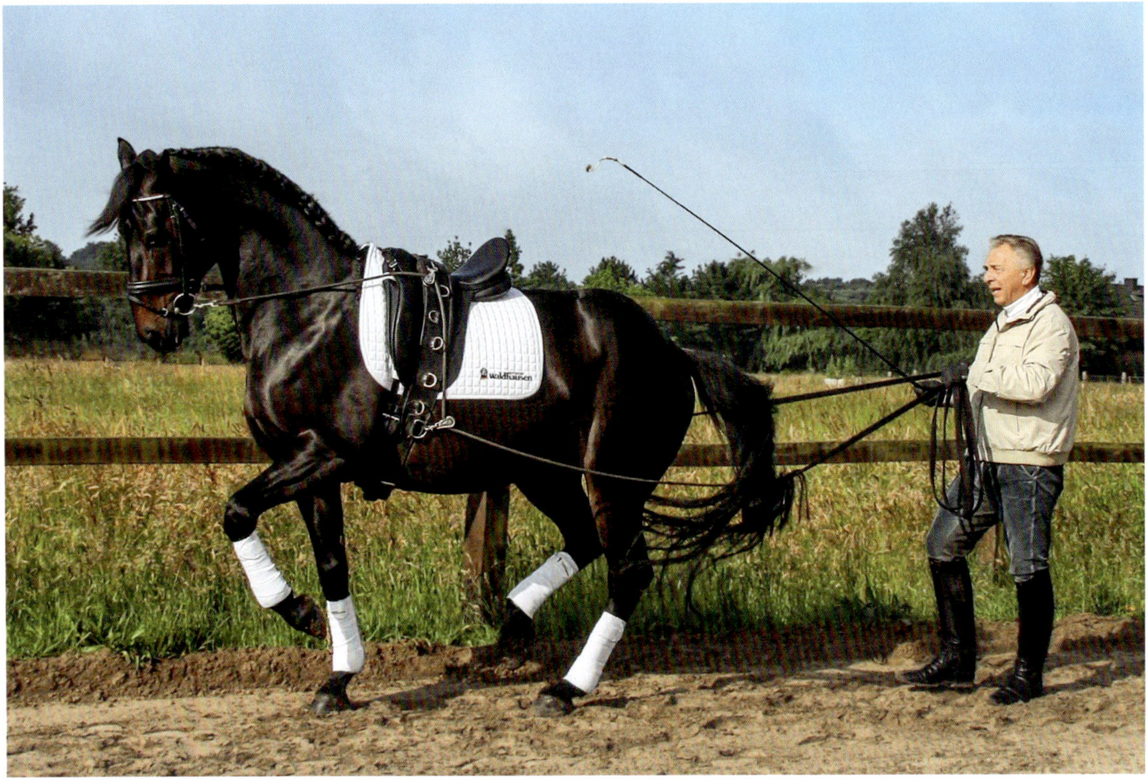

Gute Piaffe, vorbildliche Hankenbeugung und relative Aufrichtung als Ergebnis systematischer Ausbildungsarbeit.

Die Piaffe

Wichtig!
Der Lernerfolg des Pferdes liegt in erster Linie im Loben und im rechtzeitigen positiven Abschließen einer gelungenen Übung.

Im nächsten Schritt wird das Pferd aus den halben Tritten – bei vermehrtem Beugen der Hanken und fleißigem Abfußen – so weit zurückgeführt, bis ein Ausharren in der Kadenz deutlich wird und nur noch eine geringere Bewegung nach vorn vorhanden ist. Gerade dabei ist besonders wichtig, dass der Diagonaltritt erhalten bleibt. Treten Störungen im Takt auf, so sind diese direkt im Vorwärts auszugleichen. **Einige wenige gute Ansätze sind sofort mit Lob zu belohnen.**

Je nach Veranlagung fällt es dem Pferd leichter, aus dem versammelten Schritt heraus die Piaffe zu entwickeln. Die Vorstufen zur Piaffe sind auch in diesem Fall genauso systematisch zu erarbeiten.

Die Anzahl der Tritte kann – wenn das Pferd das Prinzip verstanden hat – allmählich auf die gewünschte Zahl gesteigert werden.

Hat das Pferd die Piaffe an der Doppellonge gelernt, wird es unter dem Reiter sehr bald in der Lage sein, sich hierbei auszubalancieren und anzupiaffieren. Die Erfahrung hat gezeigt, dass es vorteilhaft ist, wenn sich der Reiter zunächst weitgehend passiv verhält und der Longenführer die Hilfen zum Piaffieren gibt. Nach und nach übernimmt dann der Reiter die Hilfengebung während der Longenführer immer passiver wird.

Harmonisches Gesamtbild des Pferdes bei gut entwickelter Trag- und Federkraft und optimaler Losgelassenheit

Die Passage

Für die Entwicklung der Passage muss ein Pferd eine besondere Veranlagung haben, insbesondere ein **hohes Maß an Elastizität.** Die Passage kann aus dem

Harmonisches Gesamtbild des Pferdes bei gut entwickelter Trag- und Federkraft und optimaler Losgelassenheit

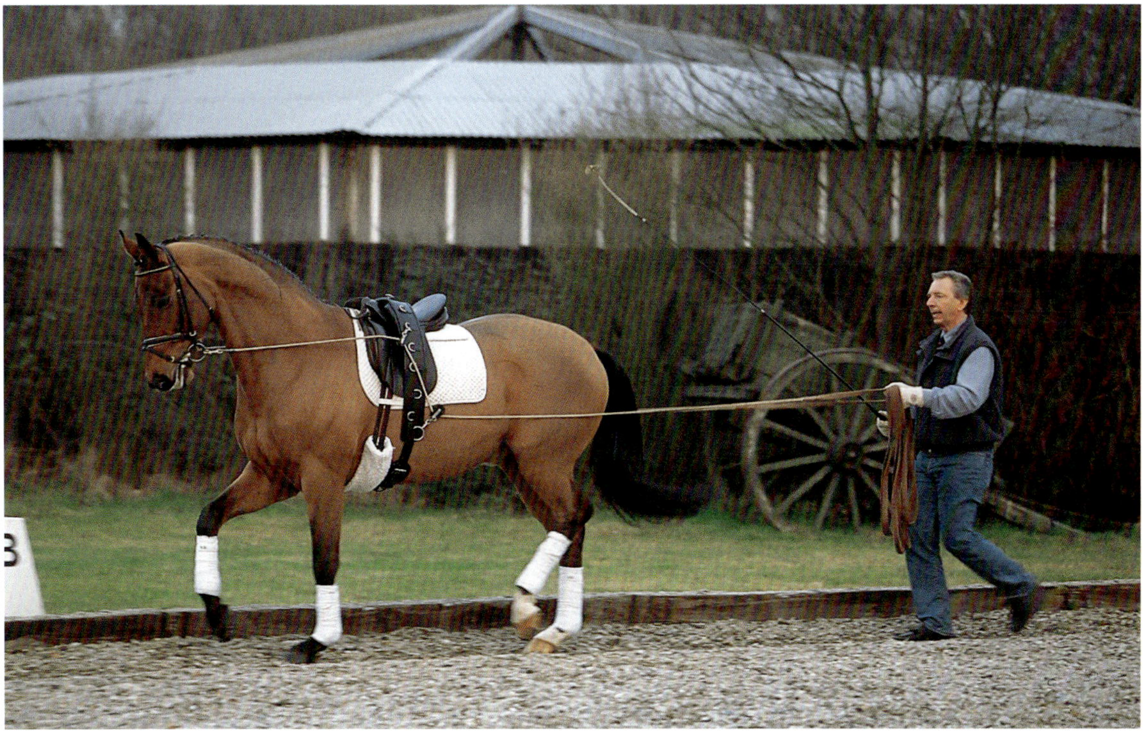

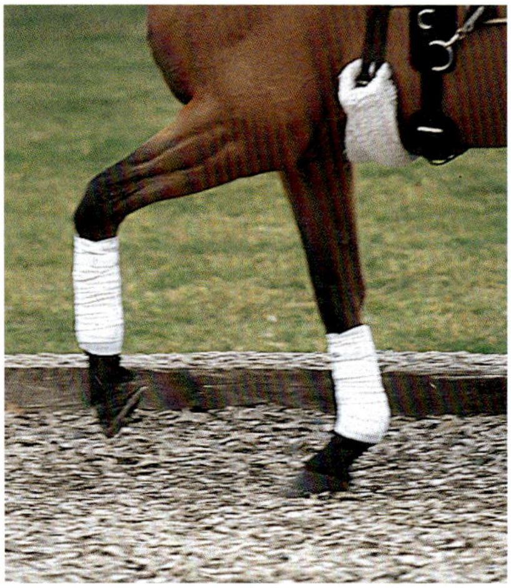

Das Anheben des Vorderarmes entspricht schon sehr der Idealvorstellung einer Passage.

Schritt oder aus einem verkürzten kadenzierten Trab entwickelt werden. Schub-, Trag- und Federkraft müssen durch den Longenführer in das richtige Verhältnis gebracht werden. Erfahrung und Routine des Longenführers sind wesentlich für das Gelingen dieser Lektion.
In der Passage kann am langen Zügel die Anlehnung deutlicher sein als in der Piaffe.

Durch Leichtbleiben und Nachgeben der Hand werden das dynamische Abfußen der Hinterbeine und das Aushalten in der Kadenz ermöglicht.

Dabei kann die Gefahr bestehen, dass sich das Pferd bei festgehaltenem Rücken heraushebt, Spanntritte entstehen und es in eine Art „Schwebetrab" verfällt. Dies ist durch gründlichere Lösungsarbeit und durch Veränderung der Befestigungshöhe der Longen (tiefer) abzustellen – das Pferd muss „runder" eingestellt werden. Dann wird durch vermehrtes Heranhalten der Hinterhand der Versammlungsgrad verbessert. Dies kann zum Beispiel durch halbe Tritte und Rückwärtsrichten erfolgen.

Übergänge Piaffe/Passage

Bei der Erarbeitung von Piaffe und Passage ist zu beobachten, dass den Pferden entweder der Übergang von Piaffe zu Passage oder der von Passage zu Piaffe mehr liegt.

Das Problem ist jedoch, beide Übergänge in regelmäßigen Tritten ohne Takt- und Schwungverlust zu zeigen. Um dem Pferd dies zu erleichtern, sollte frühzeitig ohne besonderen Versammlungsgrad eine angedeutete Passage im Wechsel mit verkürzten halben Tritten ausgeführt werden. In kürzeren Reprisen lernt das Pferd, die mehr versammelnden oder mehr vorwärtstreibenden Hilfen in den Übergängen ohne Störung des Diagonaltritts anzunehmen.

Bei der Erarbeitung dieser Lektionen (Piaffe/Passage Übergänge) ist zu bedenken, dass dies für die Pferde sehr anstrengend ist. Es erfordert einen großen Kraftaufwand, sich auf dem diagonalen Beinpaar in kadenzierten Bewegungen auszubalancieren.
Aus diesem Grund darf die Arbeit in diesen Lektionen nicht zu lange ausgedehnt werden.

Bei der Arbeit am langen Zügel haben sich im Vergleich zu anderen Ausbildungsmethoden viele Vorteile herausgestellt.

Als besondere Vorteile sind zu nennen:

- gleichmäßige Anlehnung an beiden Longen
- Möglichkeit der ständigen Überprüfung von Genicknachgiebigkeit und Anlehnung
- gleichmäßiges Touchieren und Aktivieren der Hinterhand
- Vorwärtstendenz des Pferdes kann besonders gut kontrolliert und erhalten werden (das Pferd hat den ständigen Zug nach vorn)
- unregelmäßige Tritte (Taktfehler) sind sehr einfach im Vorwärts zu korrigieren
- Aufkommende Spannung kann sofort durch Longieren abgebaut werden.
- Die Passage kann durch zügiges Mitgehen im Schritt besonders gut herausgearbeitet werden.
- Ohne das Gewicht des Reiters bewegt sich das Pferd zunächst leichtfüßiger und kadenzierter.
- Die Übergänge Piaffe/Passage werden fließend möglich.
- Es kann, im Gegensatz zur Arbeit an der Hand, auch unabhängig von einer Bande gearbeitet werden.
- Es ist mitunter die einzige Möglichkeit, diese Lektionen zu erarbeiten.

Wichtig!
Um zu einem harmonischen Miteinander zu kommen, bedarf es von Seiten des Ausbilders eines hohen Maßes an Fachkenntnis, Sensibilität, Geschick und Einfühlungsvermögen.

Nach Abschluss der Arbeit am langen Zügel wird dem Pferd in der darauf folgenden Beruhigungsphase noch einmal Gelegenheit gegeben, sich nach vorwärts-abwärts zu dehnen. Hierzu werden bei Bedarf die Longen wieder tiefer befestigt.

Wenn ein Pferd in der Lage ist, eine gesetzte kadenzierte Piaffe und eine erhabene ausdrucksvolle Passage sowie fließende, geschmeidige Übergänge zu zeigen, hat man ein wesentliches Ziel in der dressurmäßigen Ausbildung erreicht. In diesen eleganten Bewegungen kommt ganz besonders die erarbeitete Trag- und Federkraft zum Ausdruck.

In der Piaffe und Passage zeigt sich, dass man als Ausbilder durchaus die Bewegungen des Pferdes kultivieren kann, sodass die Gangarten elastischer, schöner und ausdrucksvoller werden und das Pferd, wie schon **Xenophon** sagte: **„Stolz und sehenswert erscheint".**

Man darf jedoch von der Doppellonge keine Wunder erwarten. Der Erfolg der Arbeit liegt vor allem in der Routine und dem Geschick des Longenführers. Nur wenn er es versteht, in kleinen Lernschritten die Pferde systematisch nach den Grundsätzen der Ausbildungsskala aufzubauen, wird die Doppellonge dazu beitragen, unter dem Reiter oder im Gespann – schonend für alle Beteiligten –, zu größtmöglicher Harmonie und besseren Leistungen zu gelangen.

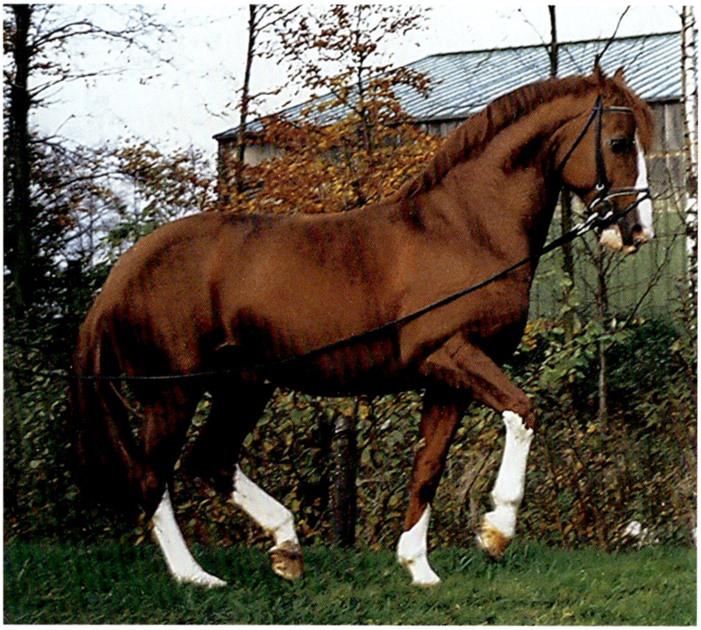

Der Autor demonstriert mit Amant eine ausdrucksvolle Piaffe mit geringstem Hilfenaufwand bei vollkommen zwanglosem, willigem Gehorsam, sodass auf eine seitliche Führung der Longe an einem Gurt verzichtet wird. Naturgegeben stehen Hankenbeugung und Aufrichtung im richtigen Verhältnis.

15 Problem und Lösung – 33 der häufigsten Fragen und Situationen

15.1 Was tun, wenn beim Longieren mit der Doppellonge ...

... das Pferd über die äußere Schulter ausfällt?

- Mit der inneren Hand mehr nachgeben.
- Auf einem Zirkel mit äußerer Begrenzung longieren.
- Innere Longe umschnallen; Führung: Hand – Maul – Gurt.
- Häufig Handwechsel durchführen.

... das Pferd nach innen in den Zirkel kommt, sich heraushebt und nach außen stellt?

- Mit der Peitsche in Richtung Schulter nach außen weisend einwirken, mit der inneren Hand dabei das Pferd stellen.
- Bei durchhaltenden Longenhilfen muss das Pferd durchs Genick getrieben werden.

... das Pferd abwechselnd nach außen drängt beziehungsweisenach innen kommt?

- Longenführung wie im ersten Lernschritt: Hand – Maul – Gurt.
- Gut vorwärtslongieren.
- Longierzirkel benutzen.
- Nach außen longieren.

... das Pferd auf zwei Hufschlägen geht?

- Wenn die Hinterhand nach innen kommt, überprüfen, ob die äußere Longe zu fest ansteht.
- Wenn das Pferd mit der Hinterhand ausweicht, überprüfen, ob die äußere Longe zu wenig ansteht

... die Longe unter den Schweif rutscht und eingeklemmt wird?

- Sofort die äußere Longe lockern.
- Warten, bis das Pferd die Longe loslässt.
- Longen weiter unten befestigen.

... die Longe über den Rücken rutscht?

- Longen weiter unten am Gurt befestigen.
- Unter Umständen Rollenlonge benutzen (Longe umlenken).

... das Pferd über die Longe ausschlägt?

- Ruhe bewahren.
- Pferd durchparieren.
- Ein Helfer hält das Pferd fest, der Longenführer ordnet die Longen und setzt die Arbeit fort.

... das Pferd nicht durchs Genick geht?

- Mit treibenden und durchhaltenden Hilfen das Pferd zum Nachgeben bringen.
- Befestigungshöhe der Longen überprüfen.

... das Pferd zwar durchs Genick, aber auf der Vorhand geht?

- Durch Treiben die Hinterhand aktivieren.
- Unter Umständen Longen höher befestigen.

... das Pferd eng im Hals geht?

- Leichter mit der Hand sein (Nase vorlassen).
- Mehr nachtreiben.
- Longen höher befestigen (unter Umständen Rollenlonge benutzen).
- Reibungswiderstand der Longen am Gurt verringern.
- Nicht zu schwere Doppellonge benutzen.

... das Pferd triebig ist und nicht auf die Peitsche reagiert?

- Längere Peitsche verwenden.
- Peitsche gezielter einsetzen.
- Ein Helfer übernimmt die Peitsche.

... das Pferd auf den Longenführer zukommt?

- Mehr an der äußeren Longe führen.
- Peitsche so einsetzen, dass das Pferd lernt, sie zu respektieren.

... das Pferd auf die Peitsche überreagiert und heftig wird?

- Zunächst ohne Peitsche longieren.
- Dann eine kurze Peitsche verwenden.
- Extrem vorsichtig sein beim Beginn (Peitsche nicht aufheben, sondern unter dem Arm mitführen) sowie beim Umfassen während des Handwechsels.

... das Pferd die Hilfen für die Gangartwechsel nicht annimmt?

- Gründlicher lösen.
- Zusammenwirken der Hilfen (Stimme, Longe, Peitsche) verbessern.
- Übergänge an der gleichen Stelle mit den gleichen Kommandos erarbeiten.

... das Pferd sich im Genick verwirft?

- Zähne vom Tierarzt überprüfen lassen.
- Pferde betont in Dehnungshaltung longieren.
- Befestigungshöhe der Longe auf beiden Seiten vergleichen.
- Gründlich lösen.
- Häufige Handwechsel.

... das Pferd sich auf die Hand legt?

- Genügend nachtreiben.
- Nur kurze durchhaltende Longenhilfen geben.
- Durch Nachgeben dem Pferd die Stütze nehmen.

... das Pferd bei ganzen Paraden die Hilfen nicht durchlässt?

- Zuerst aus dem Schritt das Halten üben.
- Immer an der gleichen Stelle die Lektion Trab – Halten üben.
- Mit den gleichen Kommandos das Halten erarbeiten.
- Die ganze Parade durch halbe Paraden gut vorbereiten.

... das Pferd bei ganzen Paraden eng im Hals wird?

- Mit mehr Stimme und weniger mit den Longen durchparieren.
- Deutlicher Nachgeben.

... das Pferd aus dem Schritt nicht bergauf angaloppiert?

- Zunächst an einer Stelle das Angaloppieren aus dem Trab üben.
- Dann im Schritt das Pferd sicher an die Hilfen stellen.
- Anschließend das Angaloppieren an der gleichen Stelle aus dem
- Schritt versuchen.

... das Pferd beim Übergang zum Schritt auf die Vorhand kommt oder nur über Trab zum Schritt durchpariert?

- Vorher durch das Verkleinern des Zirkels den Galopp mehr setzen.
- Im Durchparieren sofort nachgeben.

... das Pferd die Übergänge stockend ausführt?

- Sensibilisieren.
- Nicht in der Parade stecken bleiben, rechtzeitig nachgeben.
- Ausreichend mit Stimme und Peitsche nachtreiben.

... sich das Pferd in die Longe einwickelt?

- Ruhe bewahren (oft wickeln die Pferde sich selbst wieder aus).
- Ein Helfer hält das Pferd fest, während der Longenführer die Longen abnimmt und sie wieder neu anlegt; danach wird die Arbeit fortgesetzt.

... das Pferd nach dem Longieren schlechter geht als vorher?

- Die Longiertechnik selbstkritisch überprüfen.
- Es liegt im Normalfall zu wenig Routine des Longenführers vor; es wurde nicht fachgerecht longiert.

15.2 Was tun, wenn bei der Arbeit am langen Zügel ...

... das Pferd nervös oder heftig wird?

- Gründlich lösen.
- Vertrauen schaffen.
- Die Anforderungen zurücknehmen.

... das Pferd auf die Handarbeitsgerte überreagiert?

- Das Pferd im Halten mit der Handarbeitsgerte vertraut machen.
- Gründlich lösen.
- Vertrauen schaffen.
- Die Anforderungen zurücknehmen.

... das Pferd im Schritt nicht taktmäßig geht?

- Mehr vorlassen.
- Selbst fleißig mitgehen.
- Longen tiefer befestigen.

... das Pferd versucht, nach innen auszuweichen

- Zunächst das Pferd anführen lassen.
- Gerte innen anlegen.
- Keine Spannung aufkommen lassen.
- Unter Umständen Helfer einsetzen.

... das Pferd eng im Hals wird?

- Longen höher befestigen.
- Leichter in der Hand sein.

... das Pferd nicht durch's Genick geht?

- Longen tiefer befestigen.

... das Pferd beim Halten nicht ruhig stehen bleibt?

- Pferd vom Helfer beruhigen lassen.
- Lange genug stehen lassen.

... das Pferd beim Rückwärtsrichten Widerstand zeigt?

- Helfer einsetzen.

... das Pferd nicht in diagonaler Fußfolge anpiaffiert?

- Die Übung mehr im Vorwärts anlegen.
- Mit der Touchiergerte nicht gegen die Bewegung treiben.

... das Pferd nicht antrabt und unsensibel ist?

- Nur kurz lösen (nicht müde machen).
- Durch gezieltes Treiben Reflexpunkte sensibilisieren und gleichzeitig mit der Stimme energisch auffordern.
- Versuchen, im Laufe der Zeit mit weniger Hilfen auszukommen.
- Nur im Vorwärts arbeiten, kurze Trabreprisen, keine Versammlung fordern.